ULLSTEIN

Lee Carroll

Kryons Erzählungen

Ullstein

Besuchen Sie uns im Internet:
www.ullstein-taschenbuch.de

Ullstein Esoterik
Herausgegeben von Michael Görden

Aus dem Amerikanischen von Silvia Autenrieth

Titel der Originalausgabe
THE PARABLES OF KRYON
Erschienen bei Hay House, Inc. Carlsbad, CA

Umwelthinweis:
Dieses Buch wurde auf chlor- und säurefreiem Papier gedruckt.

Ullstein Verlag
Ullstein ist ein Verlag der Ullstein Buchverlage GmbH, Berlin.
1. Auflage September 2004

Umschlaggestaltung: FranklDesign, München
Titelabbildung: www.vietmeier.com
Druck und Bindearbeiten: Ebner & Spiegel, Ulm
Printed in Germany
ISBN 3-548-74138-X

Inhalt

Einleitung

Was ist eine Parabel? Ein Gleichnis, eine simple Geschichte, mit deren Hilfe eine Lehre oder Moral veranschaulicht wird. Was Kryons Parabeln angeht, so haben wir es auch hier mit ganz einfachen Erzählungen zu tun – ihre eigentlichen Bedeutungen jedoch erschließen sich oft erst bei wiederholter Lektüre. In den Fakten jeder einzelnen Geschichte verbirgt sich eine Menge Weisheit, und oft sind die kürzesten Gleichnisse die eindrücklichsten.

Alle nachfolgenden Geschichten stammen aus Live-Veranstaltungen mit Hunderten von Menschen, die an einem Kryon-Seminar teilnahmen. Einige davon stehen schon in einem der drei vorangegangenen Kryon-Bücher, viele jedoch lesen Sie hier zum ersten Mal. Selbst Parabeln, die schon früher veröffentlicht wurden, hat Kryon verändert, um angesichts der mittlerweile klareren Energie neue Verständnisdimensionen in sie hineinzubringen. Seien Sie auch nicht überrascht, wenn in einigen der Humor eine zentrale Rolle spielt.

Thema der Geschichten oder »Reisen«, wie Kryon sie manchmal auch nennt, ist immer der einzelne Mensch und wie wir Menschen in bestimmten Situationen reagieren. Kryon sagt, dass wir von Gott zur Jahrtausendwende und beim Eintritt in das »neue Zeitalter« neue Geschenke erhalten würden. Er erwähnt gute Neuigkeiten im Hinblick auf die Zukunft und spricht davon, dass wir die Schwingung des Planeten verändert hätten und uns so diese Geschenke – in Form neuer spiritueller Attribute des Menschseins – verdient hätten. Angesichts der düsteren Weltuntergangsprophezeiungen, die jeden Jahrtausendwechsel begleiten, äußert sich Kryon nun auch zu diesem Thema und gibt uns zu verstehen, dass es dieses Mal anders ist. Wir haben eine Veränderung herbeigeführt und können von daher Vorhersagen wie die eines Armageddon und weltweiter Zerstörung getrost über Bord werfen. Wir liegen Gott sehr am

Herzen, denn schließlich haben wir als Freiwillige »Schlange gestanden«, um in der heutigen Zeit hier zu sein! Eine Reaktion auf unsere bereits geleistete Arbeit ist die, dass Kryon hier ist, um an den magnetischen Gitternetzen zu arbeiten und dabei jedem und jeder von uns mit seinem Rat und mit Informationen zur Seite zu stehen ... sowie uns mit einem Mitgefühl zu lieben, das direkt aus der Werkstatt des Schöpfers stammt.

Obwohl ich der Autor dieses Buches bin, sind auch für mich Kryons Geschichten, die ich hier in eine für uns verständliche Sprache übersetzt habe, eine wunderbare Informationsquelle und große Inspiration gewesen. Natürlich habe ich meine Lieblingsgeschichten, und an einigen davon möchte ich Sie hier teilhaben lassen. Jeder Geschichte schicke ich ein paar einleitende Worte vorweg. In einem Nachtrag ergänze ich die einzelnen Geschichten um persönliche Einsichten und Eindrücke von mir, die sich einstellten, während ich sie live channelte, oder ich erläutere Dimensionen ihrer Bedeutung, die mir im Nachhinein deutlich wurden.

Wie seine Vorgänger, entsteht auch dieses Buch aus Liebe zur Menschheit in diesem neuen Zeitalter.

Lee Carroll

1

Das Gleichnis von der Teergrube

Hinweis des Autors

Es war ein kühler Novembertag, als ich zusammen mit meiner Ehefrau Jan nach New York zu den Vereinten Nationen (UN) eingeladen wurde, um dort live Kryon zu channeln. Genauer gesagt, handelte es sich um eine Versammlung der »Society for Enlightenment and Transformation«, einem Meditationszweig der UN, der regelmäßig zusammenkommt und dessen Programme nur für Abgeordnete und geladene Gäste stattfinden. Kryon gab uns hier die kürzeste Parabel, die ich je von ihm gehört habe. Sie führt uns vor Augen, wie sich mit unserer eigenen Veränderung auch alles andere ändert! Dies war gleichzeitig auch eine der ersten Parabeln, die je vor einer Gruppe gechannelt wurde.

Stellt euch vor, ihr steckt zusammen mit vielen weiteren Menschen in einer Teergrube, verdreckt von Kopf bis Fuß und völlig unfähig, euch schnell von der Stelle zu bewegen, da der zähe

Teer euch bremst. Während ihr euch schwerfällig vorwärts schleppt, gewöhnt ihr euch zunehmend daran, und so fristet ihr in diesem Zustand Jahr für Jahr zusammen mit den anderen euer Dasein. Wie die Schwerkraft des Planeten wird die Behinderung durch den Teer von allen einfach hingenommen – sie gilt als eine Tatsache, der keiner entrinnen kann, solange er lebt. Soweit eure Vorstellung der Lage.

Plötzlich überreicht euch Gott heimlich, still und leise ein Geschenk. Es ist ein »magisches« Werkzeug, mit dem ihr euren Körper säubern könnt und das dafür sorgt, dass er, selbst während ihr im Teer steckt, sauber bleibt! Dieses Hilfsmittel stößt den Teer regelrecht ab, während ihr euch durch ihn hindurch kämpft, es wirkt wie ein Energiefeld. Ihr nehmt dieses Geschenk sowie die Arbeit, die mit seinem Gebrauch verbunden ist, an und lernt, es einzusetzen. Nach und nach verändert ihr euch. Für andere hebt ihr euch zunehmend von der Masse ab. Ihr seid etwas Besonderes für sie, denn ihr seid anders – sauber und adrett, während sie in eurem Umfeld immer noch komplett im pechschwarzen Teer stecken. Euch wird klar, dass ihr an der Entstehung der neuen Situation mit beteiligt wart, aber ihr erkennt auch, dass es ein sehr persönliches Geschenk war, also sagt ihr nichts.

Nun – meint ihr, die anderen um euch herum werden einfach darüber hinwegsehen, wie ihr euch zwischen ihnen frei bewegt, ohne dass der Teer euch berührt oder eure Füße lähmt? Sie werden beobachten, wie der Teer mit eurem Körper in Berührung kommt und euch doch nie beschmutzt. Was meint ihr, was dann passiert? AH! Seht genau hin! Auch SIE werden sich verändern! Als Erstes wird man euch, wo ihr auch hinkommt, Platz machen. Als Zweites wird man euch fragen, wie so etwas möglich ist. Und wenn sie auf das »magische Hilfswerkzeug von Gott« stoßen, werden sie allesamt selbst anfangen, es zu benutzen, und dann werden noch weitere Menschen »sauber« – jeder und jede erschafft das für sich persönlich, genau wie ihr selbst.

Schaut euch an, während ihr eine Zeitlang in aller Stille einfach weiterlebt, was mit den Menschen in eurem Umfeld geschieht!

Mehr als die Hälfte von ihnen wird bald »sauber« sein und nicht mehr vom Teer behindert. Haltet einmal inne und überlegt euch, was hier eigentlich passiert ist. Ihr habt andere nicht zu bekehren versucht, ebenfalls von eurem Geschenk Gebrauch zu machen, noch habt ihr irgendjemanden von diesen Menschen gebeten, sich für euch zu verändern, und dennoch haben sie sich verändert. So erschafft das, was ein Einzelner erzielt, auch etwas für die vielen anderen!

Wir sagen euch, meine Lieben, wenn ihr euch ändert, ist das der Anfang einer Veränderung überall um euch herum. Andere Menschen können nicht stumm zusehen, wie Frieden und Liebe von euch ausstrahlen. Es ist gleichzeitig entwaffnend und voller Liebe. Als wärt ihr ein Magnet unter anderen Magneten, wird eure neue Polarität schließlich die Ausrichtung von allen um euch herum beeinflussen, und euer Dasein wird nie wieder dasselbe sein.

Nachtrag des Autors

Betrachten Sie diese kurze Parabel, die mit die klarsten Antworten auf die Frage enthält, wie die Energie des neuen Zeitalters auf dem Planeten wirksam ist. In dieser Parabel lässt Kryon Menschen in einer Teergrube festsitzen, verschmutzt von Kopf bis Fuß und völlig unfähig, schnell vom Fleck zu kommen, da der Teer so zäh ist.

Genau so ergeht es uns in unserem normalen Leben in der alten Energie: Alte karmische Lektionen haben uns in Ketten gelegt, und wir bemühen uns nach Kräften, uns dennoch so gut wie möglich fortzubewegen, während wir diese Fesseln mit uns herumschleppen. Dann kommen von Kryon fünf Worte, die mit zu seinem kosmischen Humor gehören. Er sagt nämlich: »Soweit eure Vorstellung der Lage.« Kryon erinnert uns auf seine Weise daran, dass das, was wir auf der Erde erleben, nicht die Wirklichkeit ist, und unsere Dualität ein Phantom. Das wahre Universum besteht in dem, was wir erfahren, wenn wir nicht hier sind!

In der Parabel sind die »magischen Werkzeuge Gottes« die Geschenke in Verbindung mit der neuen Energie, von denen Kryon spricht. Wenn Sie diese Geschenke erhalten, bleibt der Teer plötzlich nicht mehr an Ihnen haften; Sie bewegen sich ungehindert und bleiben unbeschmutzt. Das ist ein ausgeprägter Verweis darauf, wie sich die Energie des neuen Zeitalters auf Sie auswirkt. Sie sind heute nicht mehr durch karmische Verträge gebunden. So können Sie auf dem Planeten einer Vermählung mit Ihrem Höheren Selbst und schließlich dem Aufstieg auf eine höhere spirituelle Ebene (Abschluss der Reifeprüfung) entgegen gehen. Kryon erwähnt ferner am Rande auch, dass wir bei der Erschaffung dieses magischen Hilfsmittels mitgewirkt haben.

»Moment mal – ich dachte, das magische Hilfswerkzeug sei von Gott gekommen?«, wenden Sie jetzt vielleicht ein. Um es hier noch einmal zu sagen: Kryon will, dass wir nicht vergessen, dass er uns alle als ein »Stück von Gott« bezeichnet, das »auf der Erde wandelnd seine Lektionen lernt«. Mit anderen Worten, wir stehen für die Ganzheit und Liebe Gottes.

Ferner lässt er uns in der Parabel in diesem Zustand herumlaufen, wo der Teer nicht mit uns in Berührung kommt, was anzeigt, dass nicht allein unser altes Karma aufgelöst worden ist, sondern auch die karmischen Bande mit denen, die Gelegenheit zu einem Zusammentreffen mit uns hatten. Das ist natürlich das Ziel der Parabel: aufzuzeigen, wie unsere Entscheidungen Veränderungen auf einer umfassenderen Ebene bewirken als nur in unserer eigenen kleinen Welt. Kryon beschreibt ferner, was mit den Menschen um uns herum passiert. Das ist ein wirklich wichtiger Gedanke, denn Kryon kommt hier auf die Energie des neuen Zeitalters und die Geschenke zu sprechen, die Gott verteilt. Werden wir unseren Partner, unsere Kinder, unseren Job und so weiter verlieren, wenn wir die Geschenke des neuen Zeitalters annehmen? Werden wir Außenseiter sein? Hören Sie sich noch einmal an, was dazu in der Parabel steht: »Meint ihr, die anderen um euch herum werden ignorieren, wie ihr euch zwischen ihnen frei bewegt, ohne dass der Teer euch berührt oder eure Füße behindert?« Das Erste, was allen auffallen wird, ist, dass Sie anders sind, aber das heißt nicht unbedingt, dass man Sie verstößt, sondern es birgt sogar genau das entgegengesetzte Potenzial. Andere werden sich ansehen, wie Sie leben, und darauf reagieren. Einige werden das, was Sie haben, auch haben wollen und fragen, was mit Ihnen passiert ist, und manche werden sich einfach freuen, dass Sie sich verändert haben. Was Partner und Kinder angeht, so werden das ja die Aller-

ersten sein, die Veränderungen an Ihnen wahrnehmen, und sie werden sich fragen, was passiert ist, dass aus Ihnen ein so großartiger, ausgeglichener Mensch geworden ist!

Wenn Sie spirituell, körperlich und geistig im Gleichgewicht sind, geschieht etwas Wunderbares: Alle Welt will mit Ihnen befreundet sein! Die Leute erkennen, wie sehr Sie etwas Besonderes sind, und sie fühlen sich in keiner Weise von Ihnen bedroht. Können Sie vor Ihrem geistigen Auge sehen, wie das im Job, in der Ehe, in der Freundschaft oder im Hinblick auf die Kluft zwischen den Generationen förderlich sein könnte (statt etwas zu zerstören)? Die einzigen, für die das eine Kränkung darstellen wird, sind diejenigen, die sich darüber ärgern, dass Sie sich verändert haben – und glauben Sie mir, das sind die Menschen, die Sie ja ohnehin nicht um sich haben wollen.

Im Endeffekt werden selbst dann, wenn Sie die einzige Person sein sollten, die beschließt, sich auf das Wirken der neuen Energie einzulassen, Dutzende von anderen in ihrem Umfeld von ihrer Entscheidung berührt sein. Das gehört mit dazu, wie Gott individuelle menschliche Entscheidungen einsetzt, um eine Energie zu erzeugen, von der viele profitieren werden. Vielleicht erkennen Sie die Dynamik dieser Vorstellung und verstehen tatsächlich, inwiefern eine individuelle Entscheidung für die Erleuchtung weit wichtiger ist, als es scheinen mag.

2

Wo und die geheimnisvollen Türen

Hinweis des Autors

Ich habe ja angekündigt, dass ich hier meine Lieblingsparabeln erzählen würde, und dies hier ist eine davon. Obwohl sie eine der frühesten war, die ich von Kryon erhielt, hat sie ihre starke Relevanz für unseren Alltag behalten. Kryons Absicht ist, uns Werkzeuge an die Hand zu geben, mit denen wir unsere eigene Schwingung auf diesem Planeten erhöhen können – um während unseres Hierseins alles zu sein, was wir sein können. In dieser Parabel verbirgt sich eine Menge, um uns die Möglichkeiten zu zeigen, die uns erwarten. Außerdem bewirkt sie ein sehnsüchtiges Ziehen in unserem Herzen und ist als Bitte zu verstehen, uns zu »erinnern«, wer wir in Wirklichkeit sind.

Es war einmal ein Mensch, den wir Wo nennen wollen. Wos Geschlecht spielt für diese Geschichte keine große Rolle, aber da ihr kein passendes Wort für eine Person ohne Geschlecht habt,

werden wir diesen Menschen Wo nennen – gemeint ist ein Mann namens Wo, ein Wo-man. Nur der einfacheren Übersetzung zuliebe werden wir Wo als »Er« bezeichnen.
Wie alle in seinem Kulturkreis lebte Wo in einem Haus, aber eigentlich kümmerte Wo nur das Zimmer, in dem er wohnte, denn dieses Zimmer gehörte ihm ganz allein. Sein Zimmer war wunderschön, und er hatte den Auftrag erhalten, dafür zu sorgen, dass es auch wunderschön blieb, und das tat er.
Wo hatte es gut. Er lebte in einer Kultur, in der es ihm nie an Essen mangelte, denn es gab alles in Hülle und Fülle. Ihm war auch nie kalt, denn er hatte immer etwas anzuziehen. Während Wo heranwuchs, lernte er eine Menge über sich selbst. Er lernte, welche Dinge ihn glücklich machten, und er suchte sich dann Gegenstände, die er an die Wand hängte, um sie dort anzuschauen, und auch das machte ihn glücklich. Wo lernte auch, welche Dinge ihn traurig machten, und er lernte, wie er diese Dinge aufhängen konnte, wenn er traurig sein wollte. Ferner lernte Wo, welche Dinge ihn wütend machten, und er fand Sachen, die er hervorzerren und an die Wand hängen konnte, um sie sich immer dann vorzuknöpfen, wenn er wütend sein wollte.
Wie andere Menschen auch, hatte Wo viele Ängste. Obwohl er alles hatte, was er zum Leben brauchte, war da die Angst vor anderen Menschen und bestimmten Situationen. Wo fürchtete Menschen und Situationen, die Veränderungen herbeiführen könnten, denn für ihn bedeutete es Sicherheit und Stabilität, wenn alles beim Alten blieb, und er hatte hart gearbeitet, um diesen Zustand zu erreichen. Wo hatte Angst vor Situationen, die im Stande waren, seinen stabilen Raum zu beeinflussen, und er hatte auch Angst vor den Menschen, die über diesen Einfluss verfügten.
Durch die anderen Menschen erfuhr er von Gott. Sie sagten ihm, ein Mensch zu sein sei eine armselige Angelegenheit, und Wo glaubte es ihnen. Schließlich konnte er sich umsehen und Millionen von Menschen erblicken, aber nur einen Gott. Man sagte ihm, dass Gott alles sei und er nichts, dass Gott in seiner unendlichen Liebe aber Wos Gebete erhören würde, wenn es ihm ernst sei damit

und er ein moralisch einwandfreies Leben führe. Wo, der ein spiritueller Mensch war, betete zu Gott, dass die Menschen und Situationen, vor denen er Angst hatte, keine Veränderungen auslösen würden, sein Zimmer solle so bleiben, wie es war – und Gott erhörte Wos Bitte.

Wo fürchtete die Vergangenheit, denn irgendwie rief sie ihm allerhand Unangenehmes in Erinnerung, also betete er zu Gott, Derartiges aus seinem Gedächtnis zu verbannen – und Gott erhörte Wos Bitte. Wo hatte auch Angst vor der Zukunft, denn sie barg potenzielle Veränderungen und lag im Dunkeln, sie war ungewiss und ihm nicht zugänglich. Wo betete zu Gott, dass die Zukunft nichts an seinem Zimmer verändern würde – und Gott erhörte seine Bitte.

Wo wagte sich nie wirklich weit in sein Zimmer vor, denn alles, was er als Mensch brauchte, befand sich im Grunde in einer einzigen Ecke. Wenn seine Freunde zu ihm zu Besuch kamen, war das die Ecke, die er ihnen zeigte, und er war zufrieden mit diesem Arrangement.

Wo war etwa sechsundzwanzig, als ihm zum ersten Mal auffiel, dass sich in der anderen Ecke etwas bewegte. Es machte ihm schreckliche Angst, und er betete sofort zu Gott, dass es verschwinden solle, denn diese Bewegung ließ darauf schließen, dass er in seinem Zimmer nicht allein war – ein untragbarer Zustand. Gott erhörte Wos Bitte. So bewegte sich dort also nichts mehr, und Wo brauchte keine Angst mehr davor zu haben.

Als er vierunddreißig war, regte sich dort erneut etwas, und wieder bat Wo darum, dass das aufhören solle, denn er hatte große Angst. Die Bewegung hörte auf, doch erst, nachdem Wo in der Ecke etwas bemerkt hatte, das ihm zuvor völlig entgangen war – eine weitere Tür! Auf der Tür stand etwas Seltsames geschrieben, und Wo überlegte verängstigt, was es wohl bedeuten mochte.

Wo befragte diverse religiöse Führer, was es mit der merkwürdigen Tür und der Bewegung auf sich habe, und sie warnten ihn, er solle ihr bloß fern bleiben. Es sei die Tür des Todes, sagten sie, und er würde unweigerlich sterben, wenn er seiner Neugier nachgäbe. Sie sagten ihm auch, die Aufschrift stamme von Mächten des Bösen, und er solle nie wieder einen Blick auf sie werfen. Vielmehr solle er bei ihren Ritualen mitmachen und der Gruppe seine Talente und seine Einkünfte zur Verfügung stellen, dann würde es keine Probleme geben.

Als Wo zweiundvierzig war, zeigte sich die Bewegung erneut. Obwohl Wo dieses Mal nicht mehr ganz so viel Angst hatte vor ihr, bat er wieder darum, dass sie aufhören solle – und das tat sie auch. Gott war brav, dass er so komplett und schnell reagierte. Wo hatte angesichts der Wirksamkeit seiner Gebete das Gefühl, dass sie tatsächlich halfen.

Mit fünfzig wurde Wo krank und starb, obwohl er das nicht so recht wahrnahm, als es geschah. Wieder fiel ihm die Bewegung in der Ecke auf, und wieder betete er darum, dass sie aufhören solle, aber statt dessen wurde sie nur deutlicher und rückte immer näher. Angsterfüllt stieg Wo aus dem Bett, nur um festzustellen, dass sein irdischer Körper zurückgeblieben war, und dass er nur noch der Geist war, der diesen Körper beseelt hatte. Als die Bewegung näher kam, erkannte Wo zunehmend, worum es sich handelte. Nun war er neugierig statt ängstlich, und sein Geistkörper schien ihm irgendwie ganz natürlich.

Wo sah nun, dass das, was sich da bewegte, eigentlich zwei Wesen waren, die sich ihm näherten. Die weißen Gestalten leuchteten, als sie auf ihn zu kamen, als wäre da ein Licht, das aus ihrem Innern hervorschien. Schließlich standen sie vor ihm, und Wo staunte, wie majestätisch sie wirkten – aber er hatte keine Angst.

Eine der Gestalten sprach Wo nun an und sagte: »Komm, mein Lieber, es ist Zeit zu gehen.« Die Stimme klang sehr sanft und vertraut. Ohne zu zögern, begleitete Wo die beiden. Ihm ging auch durch den Kopf, wie bekannt ihm all das doch vorkam, als er zurückblickte und hinter sich seine eigene Leiche sah, die scheinbar schlafend auf dem Bett lag. Ihn erfüllte ein wunderbares Gefühl, das er sich nicht erklären konnte. Eines der Wesen nahm ihn bei der Hand und führte ihn direkt auf die Tür mit der eigenartigen Aufschrift zu. Die Tür öffnete sich, und alle drei schritten hindurch. Wo fand sich in einem langen Flur wieder, von dem aus nach

beiden Seiten Türen zu anderen Räumen abgingen. *Das ist ja in der Tat ein viel größeres Haus, als ich mir vorgestellt habe*, dachte er bei sich. Sein Blick fiel auf die erste Tür, auch diese wieder mit einer merkwürdigen Aufschrift. Er wandte sich an eine der weißen Gestalten. »Was ist mit der ersten Tür hier rechts?« Wortlos öffnete die weiße Gestalt die Tür und bedeutete Wo einzutreten. Als Wo das tat, war er perplex vor Staunen. Vom Boden bis zur Decke stapelten sich dort Reichtümer, die seine kühnsten Träume übertrafen! Da waren Goldbarren, Perlen und Diamanten. Allein in einer Ecke befanden sich massenweise Rubine und kostbare Edelsteine – genug für ein ganzes Königreich. Er sah seine weißen, hell erstrahlenden Begleiter an und fragte: »Wo sind wir hier?«
Die größere der weißen Gestalten gab zurück: »Das ist dein Raum der Fülle, hättest du die Weisheit besessen, einzutreten. Er gehört dir, sogar jetzt, und wird auch künftig für dich hier bleiben.« Wo war verblüfft über diese Auskunft.
Als sie wieder auf dem Flur standen, erkundigte sich Wo, was denn in dem ersten Raum auf der linken Seite zu finden sei – dort war eine weitere Tür mit einer Aufschrift, deren Bedeutung ihm vage klar zu werden begann. Während die weiße Gestalt diese Tür öffnete, sagte sie zu Wo: »Das ist dein Raum des Friedens; du hättest ihn aufsuchen können, wenn das dein Wunsch gewesen wäre.« Wo betrat zusammen mit seinen Freunden diesen Raum und wurde von einem dichten, weißen Nebel umfangen. Der Nebel schien lebendig zu sein, denn er legte sich sofort um seinen Körper. Wo sog ihn tief ein. Ein Gefühl des Trostes überwältigte ihn, und er wusste, dass er nie wieder Angst haben würde. Er empfand einen Frieden, den er nie zuvor gekannt hatte. Er wollte gerne dort bleiben, doch seine Gefährten bedeuteten ihm, weiter zu gehen, und sie schritten den langen Flur hinunter.
Links befand sich noch eine weitere Tür. »Was ist das für ein Raum?«, fragte Wo.
»Das ist ein Ort, den nur du allein aufsuchen kannst«, sagte die kleinere weiße Gestalt. Wo trat hinein und war sofort von goldenem Licht erfüllt. Er wusste, was es damit auf sich hatte. Es war die

Essenz von Wos Selbst, sein Zustand der Erleuchtung, sein Wissen um Vergangenheit und Zukunft. Es war Wos Lagerhaus, das bis zum letzten Winkel voll von Liebe und dem Geist war, der ihn beseelte. Wo weinte vor Freude, und er stand da und sog für eine ganz lange Zeit Wahrheit und Verstehen in sich auf. Seine Begleiter kamen nicht herein; sie warteten geduldig.

Schließlich trat Wo wieder auf den Flur. Er hatte sich verändert. Er sah seine Begleiter an und erkannte sie. »Ihr seid die Führungsengel«, konstatierte er sachlich.

»Nein«, sagte die große Gestalt, »wir sind DEINE Führungsengel«. In vollkommener Liebe fuhren sie fort: »Wir sind schon seit deiner Geburt hier, und das nur aus einem Grund: dich zu lieben und dir dabei zu helfen, die Tür zu finden. Du hattest Angst und batest uns, wir sollten uns zurückziehen, und das taten wir also. Wir sind dazu da, dir in Liebe zu dienen, und wir ehren deine Inkarnation in diesem Ausdruck von dir.« Wo spürte keinen Vorwurf in ihren Worten. Er erkannte, dass sie ihn nicht verurteilten, sondern ihn ehrten, und er spürte ihre Liebe.

Wo besah sich die Türen und konnte nun lesen, was auf ihnen geschrieben stand! Als er den Flur entlang geführt wurde, waren da Türen, die mit HEILUNG und VERTRAG gekennzeichnet waren, und eine weitere, auf der FREUDE stand. Wo sah noch mehr, als er sich zu sehen gewünscht hatte, denn ganz am Ende befanden sich Türen mit Namen ungeborener Kinder – und sogar eine, auf der LEITFIGUR FÜR DIE WELT stand. Wo merkte, was ihm entgangen war. Und als wüssten sie, was er dachte, sagten die Führer: »Mache dem Geist, der dich beseelt, keine Vorwürfe, denn das ist unangemessen, und dir in deiner Herrlichkeit ist damit nicht gedient.« Wo verstand nicht ganz. Er blickte über seine Schulter in den Flur, über den er hereingekommen war, und sah die Aufschrift an der Tür, den Schriftzug, der ihm ursprünglich Angst gemacht hatte. Es war sein Name! Es war SEIN Name, sein wahrer Name... und jetzt verstand er alles.

Wo wusste, was kommen würde, denn nun konnte er sich an alles erinnern, und er war nicht mehr Wo. Er verabschiedete sich von seinen Führern und dankte ihnen für ihre treuen Dienste. Er stand lange Zeit da, blickte sie an und sandte ihnen seine Liebe. Dann machte er kehrt, um auf das Licht am Ende des Flurs zuzugehen. Hier war er schon gewesen. Er wusste, was ihn während seines kurzen dreitägigen Besuchs in der Schöpfungshöhle erwarten würde. Hier würde er sich mit seiner Essenz vereinen. Dann ginge es weiter zur Ehrenhalle und den dortigen Feierlichkeiten, wo seine Lieben schon auf ihn warteten, darunter auch Wesen, die er geliebt und während seines Erdendaseins verloren hatte.

Er wusste, wo er gewesen war, und er wusste, wohin er unterwegs war: Wo war auf dem Weg nach Hause.

Nachtrag des Autors

Die Figur namens Wo, die Kryon ziemlich zu Anfang seiner Erzählung einführt, zeigt sein Bemühen, eine geschlechtsneutrale Person zu erschaffen. Wo ist ein Wo-man – ein Wo-Mann – was von beiden ist »er« also, Frau oder Mann? Kryons Absicht ist die, keine Ausrichtung auf nur ein Geschlecht entstehen zu lassen, die das komplette Verständnis der Parabel oder das Vermögen des Lesers oder der Leserin, sich in Wo hineinzuversetzen, stören würde.

In der Parabel ist Wos Zuhause offenbar sein Leben, oder sein »Ausdruck« (wie Kryon ein menschliches Leben nennt) auf der Erde. Das Bild mit den verschiedenen Räumen bezieht sich auf die Fenster der Möglichkeiten, die sich uns allen präsentieren und uns innerhalb unseres Vertrags – unseres Karmas – begegnen, und meint somit das Potenzial, das für diese Zeit in uns steckt.

Der Teil, in dem es darum geht, dass Wo lernt, was ihn glücklich macht, was traurig und was wütend, und wie er dann Dinge an die Wand hängt, die in ihm diese Gefühle wecken, ist wirklich eine aufschlussreiche Auskunft über den Menschen. Es bezieht sich auf jenen Teil von uns, der in der Vergangenheit herumwühlt und noch einmal bestimmte Erlebnisse Revue passieren lässt, damit wir uns so und so fühlen. Für gewöhnlich ist ein solches Verhalten nicht angemessen. Es ist kein Verhalten, aus dem eine höhere Erkenntnis spricht, da hierdurch alte Erinnerungen wieder hervorgezerrt werden, damit wir Wut, Hass und Verachtung empfinden

und uns wie ein Opfer fühlen können. Manchmal spricht aus ihm auch einfach der altbekannte Wunsch, an einem Ort zu sein, der uns einmal glücklich machte – etwa in unserer Jugend.
Die Tatsache, dass Kryon sagt, zu diesem Zweck hätte Wo diverse Dinge an die Wand gehängt, war ebenfalls bedeutsam. Wenn Sie mich zu Hause besuchen, hängen auch dort allgemein sichtbar Dekorationsstücke an der Wand: Familienfotos von mir und Werke, die ich besonders schön finde. Ich habe diese Dinge also aufgehängt, um sie hervorzuheben – und damit völlig fremde Menschen, die bei mir hereinkommen, sich an ihnen erfreuen können, weil ich das Gefühl habe, dass diese Objekte etwas Besonderes sind. Von daher lässt Kryon Wo seine Gefühle an die Wand hängen, wo alle sie sehen und auf seine »Wand« der Lektionen reagieren können. Wie so viele Menschen will Wo andere in seine eigenen Prozesse hineinziehen, da er sich dann besser fühlt. Wo weiß an diesem Punkt noch nichts von Verantwortung. Doch wie dem auch sei, später erfahren wir: Auf welcher Stufe innerhalb der Abteilung »Erleuchtung« sich Wo aktuell auch befindet, Gott urteilt nie darüber – nie.
Wir sehen, dass Wo Ängste hat, und seine Hauptangst hat damit zu tun, alles unter Kontrolle haben zu wollen. Es scheint, dass er in seinem Leben Angst vor Situationen hat, in denen jemand seinen Raum (sein Leben) verändern könnte. Seine Reaktion auf diese Angst ist, dass er bleiben will, wie er ist. Seine eigentliche Angst gilt also der Veränderung, und er sehnt sich nach Stabilität, einem statisch bleibenden Bewusstsein. Ebenso angstbesetzt ist für ihn die Vergangenheit, aber er weiß nicht, warum. Er wendet sich an andere Menschen, um etwas über Gott herauszufinden, und er benutzt das, was man ihn lehrt, um sich vor Veränderung zu schützen. Das ist ein hervorragendes Beispiel für das, was die Religion heute lehrt. Wir haben da Gott, der die Rolle des verantwortlichen Beschützers vor dem Bösen spielt, und den Kirchenmitgliedern wird nahe gelegt, sich dem Schutz des Hirten anzuvertrauen und ihm zu folgen, während er sie durch das Tal der Schatten des Todes führt. Das beflügelt wohl kaum eigene spirituelle Gedanken des Individuums. Ebenso wenig fördert es den Gedanken, Verantwortung für das zu übernehmen, was einem widerfährt, wie Kryon uns nahe legt.
Das Wunderbare an dieser Geschichte ist, dass Wo ungeachtet dessen,

dass er anderen das »abkauft«, was die durchschnittliche, normale religiöse Doktrin aussagt, mit seinen Gebeten etwas bewirkt! Er erhält den Schutz, um den er bittet, und er wird in der Tat vor Veränderung und vor der irritierenden Bewegung in der Ecke abgeschirmt. Erneut hat Kryon uns hier gesagt, dass die Mechanismen, wie der Geist Gottes wirkt, absoluter Natur sind, und dass die liebevolle Energie einer guten Absicht, die im Gebet formuliert wird, durchaus etwas bewirkt. Kommt Ihnen dabei nicht das Sprichwort in den Sinn: »Pass auf, worum du bittest – du könntest es bekommen?« Es stimmt! Und diese Parabel ist der Beweis dafür. Wir alle erhalten in jedem Leben unterschiedliche Chancen, an denen wir wachsen, zu unserer Kraft finden und uns selbst entdecken können, und Wo bekommt die seine. Obwohl er das Gefühl hat, zufriedenstellende Antworten zu haben, ehrt ihn Gott mit einem »Rippenstoß« der Engel, die ihn führen. Dieser besteht in der irritierenden Bewegung, die er in der Ecke wahrnimmt, und daneben in seiner Vision einer Tür. Alles das spiegelt das Bemühen seiner Führer, ihn in eine andere Wirklichkeit eintreten zu lassen – und ihm eine Chance zu geben, sich seiner Angst zu stellen. Wieder ist es aufschlussreich, wie Kryon zeigt, was die heutigen Religionen Wo zum Umgang hiermit lehren: Wo erfährt, dass die Bewegung ein Werk des »Bösen« sei. Bis zum heutigen Tag ist das die am häufigsten zitierte Antwort auf alles, was der gängigen Doktrin widerspricht, ungeachtet der religiösen Überzeugungen. Viele, die mit der Ansicht eines anderen nicht konform gehen, bezeichnen sie einfach als etwas, das von »Mächten des Bösen« eingegeben worden sei. Nie gehen sie Derartigem auf den Grund oder setzen sich mit der Energie auseinander, die von den Auffassungen des Gegenübers ausgeht.

Wo stirbt also schließlich, und das, wovor er am meisten Angst hat, geschieht: Die Bewegung in der Ecke des Raumes wird Wirklichkeit. Aber irgendwie erkennt er sie und hat keine Angst. Wir bekommen dann die einzelnen Räume hinter der Tür zu sehen und haben Anteil an Wos Entdeckung.

Der Rundgang durch die einzelnen Räume offenbart das, was in seinem (für sich selbst aufgesetzten) Vertrag für seine Zeit hier auf der Erde vorgesehen ist, und die Erleuchtung, die ihn potenziell auf seinem Weg erwartet – mit ihren großen Reichtümern, ihrem Frieden und einer *persönlichen inneren Essenz, die im Vollbesitz ihrer Macht ist, seine Identität als »Stück von Gott«. Er erkennt seine Führungsengel, die ihn auf dem Weg begleiten und uns zeigen, dass wir wissen, wer uns in Wirklichkeit führt, wenngleich es uns während unseres Hierseins lange verborgen war. Stellen Sie sich vor, Sie gehen mit zwei, drei Freunden durchs Leben, die auf Schritt und Tritt bereit sind, Ihnen zu helfen und Sie zu lieben – und Sie ignorieren sie! Genau das tut Wo, und dennoch stellen sich seine Führer nicht hin und verurteilen ihn. Das ist der Stoff, aus dem die Liebe Gottes gemacht ist.*

Wo dämmert also, wie es in Wahrheit aussieht, und er hat das Gefühl, einen schrecklichen Fehler begangen zu haben. Die Führungsengel jedoch korrigieren sein Verhalten auf der Stelle, indem sie sagten: »Mache dem Geist, der dich beseelt, keine Vorwürfe, denn das ist unangemessen, und dir in deiner Herrlichkeit ist damit nicht gedient.« Hier kommt für Wo der große Wendepunkt. In diesem Moment verwandelt er sich vom »Menschen im Lernprozess« in das, was er schon immer gewesen war: ein Stück von Gott, eine universelle Wesenheit. Das nächste, worauf dann sein Blick fällt, ist sein wahrer Name an der Tür, und er erinnert sich an alles.

Wenn Kryon Lebensreisen und Parabeln präsentiert, führt er mich, während ich ihn live channele, regelrecht »dorthin«. Bei dieser Parabel hier ließ er mich alles geradezu körperlich spüren. Kryon lässt mich zusätzlich zu den Gedankenblöcken, die er mir zu übersetzen aufträgt, oft schildern, was ich »sehe«. Währenddessen bin ich stark berührt, und oft weine ich vor Freude darüber, voll und ganz verstehen zu können, was mir da gezeigt wird, während ich auf meinem Stuhl sitze. Dieses Erlebnis lässt sich mit nichts vergleichen, was ich beschreiben könnte. Am ehesten ähnelt es vielleicht noch dem, was wir bei einem sehr, sehr real wirkenden Traum erfahren.

Ich stand also tatsächlich dort, wo Wo stand, kurz davor, nach Hause zu kommen – und badete in Liebe. Ich fühlte, wie mich sachte die Liebe derer zog, die bereits dort waren, und ich sehnte mich nach meinen Freunden auf der anderen Seite. Ich sah meine leuchtenden, strahlenden Führer und spürte ihre Liebe, und dann nahm ich Kryons Hand und kehrte auf meinen Stuhl und zu der Veranstaltung in Del Mar, Kalifornien, zurück.

3

Die Geschichte vom dicken, haarigen Herrn Raupe

Hinweis des Autors

Für Kinder hat diese Parabel offenbar eine unmissverständliche Botschaft. In der Live-Präsentation hat die zweifelnde Raupe eine dunkle, matte Stimme. Vielleicht erkennen Sie Herrn Raupe ja sogar wieder, wenn Sie dies hier lesen. Auch das ist eine meiner Lieblingsgeschichten.

Der Wald war überall voller Leben, und unter dem Laubteppich, der seinen Boden bedeckte, hielt der dicke, haarige Herr Raupe eine Ansprache vor seiner Schar von Getreuen. Der dicke, haarige Herr Raupe war nämlich dafür zuständig, ein Auge auf alle zu haben und dafür zu sorgen, dass alte Bräuche weitergegeben wurden. Und dass alle sie einhielten. Schließlich waren sie heilig.

»Man erzählt sich«, sagte der dicke, haarige Herr Raupe zwischen zwei Bissen saftigen Grüns, »dass da so ein Waldgeist aufgetaucht sei, der allen Raupen hierzulande und anderswo einen guten Handel

anbietet. Etwas ganz Neues.« Mampf-mampf. »Ich habe beschlossen, mich mit diesem Geist zu treffen und euch dann zu sagen, was wir tun sollen.«
»Wo wirst du den Geist finden?«, fragte einer der Zuhörer.
»Er wird mich aufsuchen«, sagte Herr Raupe. »Unsereins ist ja schließlich gebunden, wie ihr wisst. Nichts Fressbares jenseits der Lichtung. Und ohne Fressen läuft nichts.« Mampf-mampf.
Als der dicke Herr Raupe wieder allein war, rief er laut nach dem Geist des Waldes, und es dauerte tatsächlich nicht lange, und der große, stille Geist erschien. Der Geist des Waldes war wunderschön, doch viel von ihm blieb Herrn Raupe verborgen, denn dieser hatte, wie allgemein bekannt, noch nie sein gemütliches Laubbett verlassen.
»Ich kann dein Gesicht nicht sehr gut sehen«, bemerkte der dicke Herr Raupe.
»Komm ein wenig höher hinauf«, antwortete der Geist des Waldes freundlich. »Dann wirst du mich sehen, dazu bin ich ja hier.« Aber Herr Raupe blieb, wo er war. Schließlich war das sein Haus, und dieser Waldgeist war lediglich sein Gast.
»Nein, danke«, erwiderte der dicke, haarige Rauperich. »Bloß keinen Stress. Aber sag doch, was habe ich da gehört über ein großes Wunder, das ausschließlich Raupen vorbehalten ist – nichts für Ameisen oder Tausendfüßler – nur für Raupen?«
»Das stimmt«, sagte der Geist des Waldes. »Ihr habt euch ein Geschenk verdient, das wirklich staunenswert ist. Und falls ihr zu dem Schluss kommt, dass ihr es haben wollt, sage ich euch, wie das geht.«
»Womit haben wir uns das verdient?«, wollte der dicke, haarige Herr Raupe wissen. Er mampfte gerade an seinem dritten Blatt seit Beginn des Gesprächs. »Kann mich gar nicht erinnern, mich zu irgendetwas gemeldet zu haben.«
»Durch lebenslange Bemühungen um den Erhalt der Heiligkeit des Waldes«, sagte der Geist.
»Allerdings!« rief Herr Raupe da aus. »Jeden Tag mache ich das, jeden Tag. Ich bin der Vorsitzende der Gruppe, musst du wissen.

Deshalb sprichst du hier jetzt auch mit mir, und nicht einfach mit irgendeiner Raupe.« Bei dieser Bemerkung lächelte der Waldgeist über ihn, aber das konnte Herr Raupe nicht sehen, da er ja beschlossen hatte, sein Blatt nicht zu verlassen. »Ich sorge jetzt schon sehr lange dafür, dass der Wald heilig bleibt«, meinte Herr Raupe. »Was bekomme ich dafür?«
»Ein ganz wunderbares Geschenk«, antwortete der Waldgeist. »Ihr Raupen könnt euch nämlich jetzt aus eigener Anstrengung in ein wunderschönes, geflügeltes Geschöpf verwandeln und fliegen! Ihr werdet die unglaublichsten Farben haben, und eure Flinkheit wird jeden verblüffen, der euch sieht. Ihr kommt im Wald überall hin, wohin ihr auch wollt, denn ihr könnt über alles hinwegfliegen. Ihr werdet überall Nahrung finden und auch neue Geschöpfe mit herrlichen Flügeln kennen lernen. All das könnt ihr auf der Stelle tun, wenn ihr das möchtet.«
»Raupen, die fliegen können?«, sinnierte der dicke, haarige Herr Raupe. »Das ist ja unglaublich! Wenn das stimmt, dann zeige mir doch eine fliegende Raupe. Das will ich sehen.«
»Nichts leichter als das«, antwortete der Geist. »Begib dich einfach zu einem hoch gelegenen Ort und schau dich von dort um. Sie sind überall, schwirren von Ast zu Ast und führen ein herrliches, üppiges Leben in der Sonne.«
»Sonne!« entfuhr es Herrn Raupe entsetzt. »Wenn du wirklich der Geist des Waldes bist, dann weißt du doch, dass die Sonne für uns Raupen einfach zu heiß ist – wir werden gegrillt in der Sonne, ja, wirklich. Ist außerdem auch nicht gut für unser Haarkleid, weißt du ... tja – wir müssen schon im Dunkeln bleiben – gibt nichts Schlimmeres als eine Raupe mit verdorbenem Haar.«
»Wenn ihr euch in diese geflügelte Kreatur verwandelt, steigert die Sonne eure Schönheit nur noch«, sagte der Geist freundlich und geduldig. »Euer altes Dasein wird sich drastisch ändern, und ihr werdet das alte Raupenleben auf dem Waldboden hinter euch lassen, während ihr hoch in den Lüften flattert und das neue Leben geflügelter Wesen führt.«
Herr Raupe schwieg einen Augenblick und dachte nach. »Du willst

also, dass ich mein gemütliches Bett hier verlasse und nach irgendwo hoch oben in der Sonne aufbreche, um den Beweis zu sehen?«

»Wenn du einen Beweis brauchst, weißt du jetzt, wie du ihn bekommst«, gab der geduldige Geist zurück.

»Nein«, sagte Herr Raupe, »das kann ich nicht – muss ja schließlich fressen, das kennt man ja. Kann nicht einfach zu irgendwelchen merkwürdigen Orten hoch oben in der Sonne, um dort Maulaffen feilzuhalten, wenn es doch hier jede Menge Arbeit gibt. Zu gefährlich! Überhaupt wüsstest du, wenn du der Geist des Waldes wärest, dass Raupenaugen nach unten gerichtet sind, nicht nach oben. Der große Erdgeist hat uns gute Augen gegeben, die nach unten blicken, damit wir problemlos Fressbares finden – das weiß doch jedes Raupenkind. Was du da von uns verlangst, ist nicht sehr nach Raupenart«, sagte der haarige Herr Raupe, der immer misstrauischer wurde. »In die Höhe zu schauen ist nichts, was wir sonderlich viel tun.« Herr Raupe schwieg einen Moment. »Wie war das also mit dem Fliegen?«

Daraufhin erklärte ihm der Geist des Waldes, was bei der Metamorphose geschieht. Er erklärte, dass Herr Raupe wissen müsse, worauf er sich einlasse, denn die Veränderung sei nicht mehr rückgängig zu machen, wenn sie erst einmal in Gang gekommen sei. Er erklärte, wie Herr Raupe im Kokon seine eigene Biologie dazu einsetzen würde, um sich in ein Geschöpf mit Flügeln zu verwandeln. Er erklärte, dass die Veränderung ein Opfer von ihm verlangen würde, eine Zeit der Stille in der Dunkelheit, während er sich im Kokon befände, bis alles soweit sein würde, die Reifeprüfung zu bestehen und zu einer wunderschönen, bunten, fliegenden Kreatur zu werden. Herr Raupe hörte ihm schweigend zu, ohne ihn zu unterbrechen, von seinen Kaugeräuschen einmal abgesehen.

»Dass wir uns da richtig verstehen«, stellte er schließlich respektlos fest, »wir sollen uns alle hinlegen und grünes Licht geben für so etwas Biologisches, von dem wir noch nie gehört haben, und dem wir uns ausliefern müssen. Und wir sollen zulassen, dass dieses neumodische biologische Dingsda uns monatelang in völliger Dunkelheit einsperrt?«

»Ja«, sagte der Geist des Waldes, der nur zu gut wusste, worauf das Gespräch gleich hinauslaufen würde.
»Und du, der große Waldgeist, wirst das nicht für uns tun? Wir müssen es selbst machen? Ich denke, wir haben es uns verdient?«
»Ihr habt es euch verdient«, sagte der Geist mit ruhiger Stimme. »Und ihr habt euch auch die Fähigkeit verdient, euch in der neuen Waldenergie zu verändern. Selbst jetzt, wo du hier auf deinem Blatt sitzt, ist dein Körper mit allem ausgestattet, was er zu dem Wechsel braucht.«
»Was ist aus den Tagen geworden, wo die Nahrung vom Himmel fiel, wo sich die Wasser teilten und Stadtmauern einstürzten – dieser ganze Kram? Ich bin ja nicht dumm, musst du wissen. Ich bin vielleicht dick und haarig, aber ich habe schon so Einiges an Lebenserfahrung. Das Gros der Arbeit verrichtet immer der Geist der Erde, und alles, was von uns verlangt wird, ist, dass wir Anweisungen befolgen. Wie dem auch sei, wenn wir alle tun würden, was du von uns verlangt hast, würden wir verhungern! Jede Raupe weiß, dass man immerzu fressen muss...«, mampf-mampf, »... um am Leben zu bleiben. Dein toller neuer Vorschlag erscheint mir ganz schön verdächtig.«
Hier dachte Herr Raupe einen Augenblick nach. »Vorschlag abgelehnt!«, meinte er dann zu dem Waldgeist, und dabei drehte er sich einmal um sein eigenes Hinterteil, um herauszufinden, wo sich der nächste Bissen befand. Der Waldgeist verschwand leise wie geheißen, während er noch hörte, wie die Raupe vor sich hin murmelte: »Raupen, die fliegen können! Dass ich nicht lache!« Mampf-mampf.
Am nächsten Tag erfolgte Herrn Raupes große Proklamation. Er trommelte alle seine Anhänger zu einer Konferenz zusammen. Mucksmäuschenstill spitzte die versammelte Menge die Ohren, um genau mitzubekommen, was die dicke und haarige Eminenz über ihre Zukunft zu berichten hatte.
»Der Geist des Waldes führt Böses im Schilde!«, verkündete Herr Raupe seinen Gefolgsleuten. »Er will uns mit Tricks dazu bringen, dass wir uns zu einem dunklen, dunklen Ort begeben, wo wir mit

Bestimmtheit sterben werden. Er will uns glauben machen, dass unser eigener Körper uns irgendwie in fliegende Raupen verwandeln wird – wir müssten dafür lediglich ein paar Monate mit dem Fressen aufhören!« Bei dieser Bemerkung ertönte großes Gelächter.

»Der gesunde Raupenverstand wird euch sagen, wie der große Erdgeist von Anfang an gewirkt hat«, fuhr Herr Raupe fort, »und außerdem hat es auch unsere Geschichte gezeigt. Kein guter Geist wird euch je irgendwohin bringen, wo es dunkel ist! Kein guter Geist wird euch sagen, dass ihr Gott spielen sollt! Das sind alles die Tricks des großen, bösen Waldgeistes.« Mit stolzgeschwellter Brust – schließlich hatte er ja höchst Wichtiges zu verkünden – setzte Herr Raupe zum nächsten Kommentar an. »Ich bin ihm, dem Versucher, begegnet, und ich habe ihn erkannt!« Die anderen Raupen klatschten frenetisch Beifall. Sie luden sich den dicken, haarigen Gesellen auf ihre schmaleren, haarigen Rücken und trugen ihn immer wieder im Kreis herum, während sie ihn lauthals dafür rühmten, sie vor dem sicheren Tod bewahrt zu haben.

Wir verlassen nun die Festivität der Raupen und begeben uns vorsichtig in höhere Gefilde des Waldes, höher und höher. Nach und nach hören unsere Ohren den Aufruhr am Waldboden immer schwächer. Wir gelangen in das Blätterdach, das den Waldboden vor dem Sonnenlicht beschirmt. Sachte geht es durch das Dunkel des Blattwerks noch höher hinauf, in die Regionen, die denen vorbehalten sind, die fliegen können. Von ferne hören wir noch die lautstark feiernden Raupen, während wir die Pracht der geflügelten Wesen erleben. Scharen leuchtend bunter, frei umherfliegender Raupen, Schmetterlinge genannt, flattern im hellen Sonnenlicht von Baum zu Baum, ein jeder von ihnen in den herrlichsten Farben des Regenbogens. Einige unter ihnen sind sogar einmal Freunde des Dicken, Haarigen tief unten gewesen. Ein Lächeln liegt auf ihrem Gesicht, ihnen bietet sich Nahrung in Hülle und Fülle, wie sie dort leben, ein jeder von ihnen verwandelt durch das große Geschenk vom Geist des Waldes.

Nachtrag des Autors:

Wie in so vielen anderen, stecken auch in dieser kleinen Parabel über eine simple Raupe gleich mehrere Botschaften. Sie zeigt zudem die bedingungslose Liebe, die Gott uns entgegenbringt. Außerdem werden hier die derzeitigen Erdveränderungen angesprochen.

Kryon wählt zur Veranschaulichung die Raupe, weil wir alle schon als Kinder gelernt haben, dass Raupen in der Tat eine verblüffende Metamorphose durchlaufen und schließlich zu fliegenden bunten Schmetterlingen werden. Hier haben wir das klassische Naturschauspiel mit dem hässlichen, fetten, haarigen, vielfüßigen Wurm, der sich in einen wunderschönen, friedliebenden Schmetterling verwandelt, der fliegen kann. Den ersten bürsten wir uns angewidert vom Ärmel (und die Mädchen kreischen dabei heftig), den zweiten laden wir ein, auf unserer Hand oder Nase Platz zu nehmen! Da es sich hier um allgemein gültige Fakten handelt, gewinnt die Geschichte eine ganz besondere Bedeutung.

Die Parabel hier befasst sich mit etwas, das vollkommen real ist, aber Ängste weckt oder unlogisch scheint, wenn man sich ausschließlich einen Verstand zum Maßstab macht, der an althergebrachten Methoden haftet. Ich garantiere, wenn Raupen wirklich denken und Zusammenkünfte abhalten könnten, so würden einige von ihnen nie die Metamorphose durchlaufen! Außerdem käme es wohl zu einer politischen Polarisierung: Zwischen denen, die die Metamorphose durchlaufen haben und denen, bei denen das nicht der Fall ist – und in der Regel würde die erste Gruppe wohl über den eigenen Blätterrand schauen, um in Erfahrung zu bringen, was aus den anderen geworden ist. Das liegt daran, dass es absolut der menschlichen Natur entspricht, sich in eine Ritze zu verkriechen und fortan dort zu bleiben, sofern es für uns auch nur im Entferntesten funktioniert. Selbst im größten Dunkel bestehen Widerstände gegenüber Veränderungen, da wir uns dort mitunter in unseren Löchern vergraben und uns ein Umfeld schaffen, in dem alles so weitergeht wie gehabt.

Im Laufe der Zeit gilt das Alte dann als heilig, und das Neue als Blasphemie. Dass die Raupe so dumm ist, ihre Verwandlung in einen Schmetterling abzulehnen, ist gar nicht so anders als das, was Menschen tagtäglich tun! Einigen reicht es nicht einmal, spirituelle Veränderung einfach abzulehnen, sondern sie gründen sogar Organisationen, in denen sie als große Bekehrer auftreten und allen, denen sie begegnen, sagen, dass sie ihrem Beispiel folgen sollten. Irgendwie macht es sie stärker, sich unter Gleichgesinnten zu verschanzen – insbesondere solchen, die sie bekehrt haben. Die Geschichte ist voll von Tragödien im Zusammenhang mit Sektenführern und kollektiver (Selbst-)Tötung, und sie setzen sich bis in die Gegenwart fort.

Wie viele Menschen kennt ihr, die etwas Neues allein mit der Begründung zurückgewiesen haben, das, was sie bereits hätten, sei »eigentlich gut genug«? Man kann ihnen die größten Geschenke machen wollen, sie jedoch haben entweder das Gefühl, sie nicht zu verdienen oder meinen, die Sache müsste einen Haken haben. Der Grund dafür ist ein Denken und eine Entscheidungsfindung, das beziehungsweise die auf Ängsten basiert – hier haben wir das Ausgangsmaterial der alten Erdenergie. Was die Raupe angeht, so hat sie Angst, ihren Fetisch Nahrung aufgeben zu müssen, wenn sie ihren Standort verlässt – selbst wenn sie dafür den Beweis bekäme, dass Raupen fliegen können! Das Bild bedeutet, dass wir aus Angst bestimmte Entscheidungen treffen, die uns davon abhalten, mit gläubigem Vertrauen zur nächsten Bewusstseinsebene vorzudringen. Manche von uns fahren nicht einmal zu einem Treffen, einem Laden oder zu einem Freund beziehungsweise einer Freundin nach Hause, um sich etwas näher anzusehen, von dem uns jemand erzählt hat, es sei ganz phantastisch oder eine erstaunliche Sache. Wir denken, das könne nicht wahr sein, weil nicht sein kann, was nicht sein darf. Dann gehen wir wieder zur Tagesordnung über und bleiben im Dunkel.

Wie geht Gott mit uns um, wenn wir das tun? Diese Parabel, zusammen mit so vielen weiteren, die Kryon uns gegeben hat, zeigt uns die bedingungslose Liebe Gottes. Sie kündet davon, dass Gott hier ist, und allen, die sie möchten, in diesem neuen Zeitalter wunderbare Informationen und energetische Geschenke zu geben hat. Wer sie nicht haben will, wird nicht verurteilt und, was das Beste von allem ist: Diejenigen, die beschließen, das Ganze nicht zu glauben, werden nicht bekehrt. Man beachte, dass der Geist des Waldes, obwohl er das Denken der Raupe kannte, die neuen Geschenke nicht verteidigte und nicht versuchte, die Raupe zu überzeugen. Der Geist des Waldes liebte die haarige Raupe einfach nur, gleich, was sie tat, und er erzählte ihr die Wahrheit. Es war Herrn Raupe selbst überlassen, zu unterscheiden, ob die Wahrheit, die er da erfuhr, in sein Leben gehörte, oder ob er sich an Altbekanntes halten würde, das für ihn im Moment noch funktionierte. Ist Ihnen aufgefallen, dass der Geist des Waldes die Raupe bat, ETWAS ZU TUN, um den Beweis zu finden? Die alten Ansätze unterstützen Derartiges nicht. Früher wurden die Beweise immer von anderen erbracht und uns vorgelegt. Das war der Grund, warum die Raupe beschloss, sich die Sache gar nicht erst anzusehen.

Wenn etwas an dieser Parabel traurig ist, dann die Tatsache, dass die Respektsperson unter den Raupen das Leben so vieler in ihrem Umfeld beeinflusst. Herrn Raupes von Angst bestimmte Äußerungen bremsen deren Wachstum und halten sie davon ab, eine Entscheidung zu fällen, die für sie höchst wichtig ist. Infolgedessen werden viele nie das Sonnenlicht, die Freiheit und die Farben zu Gesicht bekommen. Viele werden mit den Regenfällen, die den Waldboden überfluten, davon geschwemmt werden, statt Zuflucht in einem trockenen Baum suchen zu können.

Kryon hat uns gesagt, dass wir uns nun inmitten der größten spirituellen Veränderung befinden die je stattgefunden hat, und dass unsere neue Schwingung auf der Erde ein Echo finden wird. Schauen Sie sich doch einmal um. Na, meinen Sie, dass sich etwas verändert auf diesem Planeten? Beispielsweise Folgendes:

(1) Das Friedensbewusstsein: Heute, wo den alten Schriften zufolge die Wüsten sich rot gefärbt haben müssten mit Blut, verhandeln zwei Nationen statt dessen über Wasserrechte. Politische Gefangene, die ehemals von Diktatoren in den Kerker gesperrt wurden, sind nun Präsidenten ihrer eigenen Länder. Das »Reich des Bösen« ist vor einer Weile zusammengebrochen. Ist Ihnen das aufgefallen?

(2) Elemente: Haben Sie schon bemerkt, dass sich die Wettermuster geändert haben? Kryon sagte uns, dass der gesamte Wachstumszyklus der Feldfrüchte bei uns sich ändern würde. Haben Sie in neuerer Zeit Überschwemmungen mitbekommen? Oder Stürme von nie gekannter Heftigkeit? Oder Ausbrüche angeblich schlummernder Vulkane? Überlegen Sie einmal.

(3) Die Erdfrequenz: Wussten Sie schon, dass die Basisfrequenz der

Erde, auch Schuhmann-Resonanz (SR) genannt, jahrzehntelang 7,8 Hertz pro Sekunde betrug? Basierend auf dieser Frequenz, einer Konstante, wie man annahm, errichtete das Militär seine gesamten Kommunikationssysteme. Doch diese ist plötzlich auf 8,6 gestiegen und steigt noch weiter.

(4) Magnetismus: Wussten Sie schon, dass der magnetische Norden derzeit wandert? Wussten Sie schon, dass die Intensität des Magnetfelds der Erde abnimmt? Was bedeutet das alles? Kryon sagt uns, dass die Erde auf die Tatsache reagiert, dass wir die Schwingung des Planeten auf eine höhere Ebene heben und neue Geschenke von Gott bekommen haben, die uns dabei helfen.

Was halten Sie von denen, die all diese Zeichen ignorieren und sich daran klammern, wie es früher war, wo doch alles um sie herum auf dem Planeten ihnen zuruft: »DIE DINGE ÄNDERN SICH«*? Der dicke, haarige Herr Raupe war einer von ihnen, und zog dabei viele andere mit. Mampf mampf...*

4

Die fehlende Brücke

Hinweis des Autors
Wie viele von uns verlassen sich nicht wirklich auf ihre Intuition? Oder, anders gefragt, wie viele von uns haben Schwierigkeiten, zu vertrauen? Beachten Sie bitte, dass auch ich selbst dabei aufzeige. Das Vertrauen in Dinge, die man nicht sehen kann, ist eines der schwierigsten Prinzipien eines Glaubens, der uns beibringt, im Hinblick auf unsere Zukunft auf Gott und uns selbst zu vertrauen. Lehrreiche Geschichten dieser Art innerhalb einer Parabel sind bei Kryon häufig. Lesen Sie hier die Geschichte von der fehlenden Brücke.

Meine Lieben, das Einzige, was euch von Geist Gottes trennt, ist die Dualität, die ihr für eure Inkarnation hier geschaffen habt. Wenn ihr aus euch herauskommt und auf jenen Teil des heiligen Geistes vertraut, der über euch wohnt, macht ihr Gebrauch von den Geschenken Gottes in diesem neuen Zeitalter.

Henry war mit seinem Wagen unterwegs, und er kam gut voran. Er wollte zur anderen Seite des Tals, und als aufgeklärtes Menschenwesen hatte Henry Gott gebührlich darum gebeten, mit ihm zusammen diese Reise zu kreieren. Intuitiv wusste er, dass es angebracht und richtig für ihn gewesen war, Derartiges zu erschaffen, und so hatte er es in der Tat Wirklichkeit werden lassen. Er war also unterwegs, aber es gab da ein sehr reales Problem: Früher hatte es einmal eine Brücke gegeben, die zur anderen Seite des Tals führte, aber diese Brücke fehlte jetzt seit einer Weile. Henry setzte seinen Weg fort, obwohl ihm vollkommen klar war, dass die Brücke nicht mehr da war. Man muss nämlich verstehen, dass Henry dabei war, ein Wunder zu erschaffen, ein Wunder des Vertrauens, was seine Zukunft anging, und er hatte beschlossen, sich mit Haut und Haar auf diesen Prozess des Vertrauens einzulassen.

Hatte Henry den Verstand verloren? Was würde einem normalen Menschen in einem solchen Moment durch den Kopf gehen? Der menschliche Geist würde Annahmen formulieren: »Die Brücke ist nicht da – fahre ich dennoch weiter, so ist das mein Tod.« »Die Brücke kann unmöglich schnell genug wiedererrichtet werden – ich bin doch erst gestern Abend dort vorbeigekommen! Also wird sie heute Abend auch nicht da sein.« Die Annahme läuft darauf hinaus, dass der Mensch eine Brücke erwartet, die so aussieht wie die, die zuvor da war, ein von Menschenhand errichtetes Bauwerk aus Stahl und Beton an der gleichen Stelle, wo sich die alte Brücke befand. »Ohne Brücke kommt mein Wagen nicht weiter«, sagt der Mensch. Henry dagegen versuchte zum ersten Mal, die neuen Geschenke Gottes, die das neue Zeitalter mit sich brachte, dazu zu nutzen, Mitschöpfer seiner Zukunft zu werden. Er hatte gelernt, dass er nicht länger ein Opfer seiner Lebensumstände oder anderer Bedingungen war. Er hatte die Verantwortung für alles um sich herum übernommen – auch für die fehlende Brücke – und die Art und Weise, wie er jetzt weiterfuhr, würde ihn an Orte bringen, wo er noch nie gewesen war und zu denen er sich aus Angst nie hingewagt hatte. Zum ersten Mal vertraute Henry auf Gott! Er brauste in voller Geschwindigkeit weiter, obwohl ihm von dort, wo die Brücke gewesen war, ein Abgrund entgegen gähnte. Was wusste Henry, was die meisten Menschen nicht wissen? Hier die Ermahnungen, in diesem neuen Zeitalter Vertrauen zu entwickeln:

1. Denkt nicht wie ein Mensch, wenn es um Dinge Gottes geht! Denkt so, wie Gott denken würde. Wenn Gott sich mit euch als Schöpfer zusammen tut, um große Veränderungen in eurem Leben zu bewerkstelligen, spielt sich eine Menge ab, was euch nicht bewusst ist. Dinge, die absolut unmöglich scheinen, werden die seltsamsten Wendungen nehmen, um für euch Wirklichkeit zu werden.
2. Verzichtet unterwegs auf Kurskorrekturen, die euch die Angst diktiert! Wisst ihr, wenn ihr wie Menschen denkt, werdet ihr in der Tat zunächst einmal Angst aufbauen. Euer Verstand wird unter solchen Umständen gegen euch arbeiten, und während ihr auf die Brücke zurast, die nicht da ist, wird er euch ins Ohr brüllen, ihr solltet unterwegs links oder rechts abbiegen. Womöglich beschließt ihr sogar, anzuhalten und die Reise ganz abzubrechen, so sehr kann die Angst mit eiserner Faust euer Herz gepackt halten
3. Übernehmt Verantwortung für die Reise! Hört genau zu, denn das ist das Entscheidende. Wenn ihr denkt wie ein Mensch und euch fürchtet wie ein Mensch, werdet ihr kein Vertrauen haben, und dann gebt ihr Gott die Schuld an dem, was euch vielleicht wie eine negative Situation erscheint. »Hier rase ich also die Straße entlang in den Tod! Gott, du hast mich hintergangen! Gott, du hast mich im Stich gelassen! Bestimmt stürze ich da unten in die Schlucht!« Eure Phantasie wird Überstunden machen, um euch davon zu überzeugen, dass ihr tun könntet, was ihr wollt – es würde nichts bewirken –, so ausgeprägt ist die Dualität, die ihr euch selbst vorgegeben habt, während ihr auf der Erde seid.

Wenn ihr Verantwortung für die Reise übernehmt, kann es gar nicht passieren, dass Gott »euch« etwas antut. Ihr seid ein Teil von Gott! Ihr seid, wie ihr so unterwegs seid, Mitschöpfer und

denkt, wie Gott denkt – furchtlos und wissend, dass dort, wo einmal die Brücke stand, etwas sein wird, das sie ersetzt, ohne Vermutungen eurerseits, worum es sich handeln könnte.
Als Henry auf das Tal zu steuerte, sah er plötzlich genau das vor sich, was er erwartet hatte: Die Brücke fehlte in der Tat noch immer. Es war unmöglich, sie innerhalb eines Tages von Menschenhand wieder aufzubauen, und das wusste er. Nun stieg in Henry doch noch die Angst auf. Es war der letzte Moment, und er wusste, dass er unmittelbar vor seiner Prüfung stand – aber was sah er da noch? Da standen Leute am Straßenrand und winkten ihn um eine Kurve herum an eine Stelle, die er noch nie zuvor gesehen hatte – und eine brandneue Brücke rückte in sein Gesichtsfeld. Eine Brücke, deren Errichtung ein volles Jahr gedauert hatte! Es war eine Brücke, die schon lange bevor Henry je um sie gebeten hatte oder sie brauchte, im Bau gewesen war! Sie war breiter als erwartet. Beleuchtet war sie auch, damit man sich dort nachts nicht verfuhr, und über sie gelangte er problemlos auf die andere Seite. Er hatte überhaupt nicht im Blick gehabt, dass sie erbaut wurde, und sie zeigte sich erst jetzt – als er sie am dringendsten brauchte.
Auf der anderen Seite des Tals angekommen, hielt Henry an, um eine kurze Zeremonie abzuhalten. Er dankte Gott, dass er ihn mit dem Vermögen ausgestattet hatte, mit ihm zusammen Dinge zu erschaffen, und Gott reagierte darauf, indem er Henry dafür dankte, dass er seine eigene Schwingung – und die des Planeten – erhöht hatte, indem er auf die »Wirklichkeit des Unsichtbaren« vertraute.

Nachtrag des Autors:

Wenn Sie diese Parabel verstehen, werden Sie auch verstehen, was Gott für Sie in dieser neuen Energie bereit hält. Kryon sagt uns, dass Gottes Zeit nicht linear verläuft! Sie spielt sich im »Jetzt« ab, was bedeutet, dass Vergangenheit, Gegenwart und Zukunft nicht auf einer geraden Linie angeordnet sind, wie es der menschlichen Erfahrung entspricht. Tatsache ist, dass Gott schon an den Antworten baut, bevor wir unsere Fragen gestellt haben! Wie bei der Brücke wird Gott bereits zum Miterschaffer der Lösungen, bevor wir um eine Lösung gebeten haben. Das geschieht auf eine vollkommen angemessene Weise, da unsere Fenster zu diversen Chancen von uns schon vor Beginn unseres Lebens hier auf der Erde angelegt wurden. Verwechseln Sie das nicht mit Vorherbestimmung. Wir befinden uns auf dem Planeten des freien Willens, aber Gott ist von daher im Vorteil, dass er »vorab« weiß, was wir innerhalb unserer chronologischen Zeitabfolge brauchen werden, WENN WIR DARUM BITTEN. Es ist bereits alles arrangiert für das, was wir morgen miteinander erschaffen und Gestalt annehmen lassen werden – für Heilung, Fülle, Partnerschaften und die schwersten Zeiten des Lebens. Diese Vorkehrungen werden von Gott getroffen, noch bevor uns auch nur in den Sinn kommt, um bestimmte Dinge zu bitten! Soweit zu den wunderbaren Wegen des Glaubens und dem, was Kryon die »Ko-Kreation«, das »Mitschöpfertum« mit Gott nennt.

Vielleicht sehen Sie hierdurch aus einem neuen Blickwinkel, warum Vertrauen (oder Glaube) überhaupt funktioniert. Diese Parabel zeigt auf, dass in dem Moment, in dem Henry gerade erst darum bat, dass eine Brücke vorhanden sein solle, schon ein Jahr zuvor mit dem Bau dieser Brücke begonnen worden war. Und jetzt überlegen Sie: Gibt es Dinge in Ihrem Leben, die Sie gerne für sich erschaffen würden, aber Sie haben das Gefühl, aufgrund von Umständen, an denen Ihrer Überzeugung nach Ihr ganzes Leben lang nichts zu rütteln sein wird, sei das absolut unmöglich – Sie werden sich beruflich etwa »nie verbessern« oder bestimmte familiäre Verhältnisse sind einfach »ausweglos«? Haben Sie das Gefühl, dass Sie wohl nie genug Geld zum Leben haben werden, oder dass Sie in eine Sackgasse geraten sind? Was wäre das für ein Gefühl, wenn Sie absolut wüssten, dass die Antworten auf diese Unmöglichkeiten jetzt, in diesem Augenblick, bereits im Entstehen begriffen sind und nur noch darauf warten, dass Sie Ihre Absicht kundtun, sie eintreten zu lassen?

Betrachten Sie noch einmal die drei Ermahnungen in der Parabel, denn auch wenn Sie nicht Henry heißen, ist die Geschichte für Sie bestimmt. Wird es nicht Zeit, weiterzukommen mit dem, wozu Sie hier sind?

5

Der Vater und der Sohn

HINWEIS DES AUTORS

Hier eine Geschichte, mit der viele Männer bestimmt etwas anfangen können. Sind Sie der Vater ... oder sind Sie der Sohn? Selbst wenn Sie keiner von beiden sind, oder vielleicht nicht einmal ein Mann – für unseren Planeten ist diese Geschichte allemal von Bedeutung. Es ist eine Geschichte, in der es um Hass geht – diese Art von Hass, die ein ganzes Leben lang anhält. Eine der anspruchsvollsten Prüfungen, der die menschliche Natur unterzogen werden kann. Hass ist wie eine zusammengedrückte Sprungfeder. Was die meisten Menschen nicht wissen, ist, dass diese Feder in gelöstem Zustand ein mächtiges Potenzial hat, sich in Liebe zu verwandeln!

Ich will euch nun die Geschichte von Vater und Sohn erzählen. Lasst die Liebe durch jede Pore eures Körpers eindringen, während diese reale Geschichte und die Wahrheit in ihr offenbart wird. Nun ist der Zeitpunkt für die Heilung gekommen, um die ihr vielleicht zu einem früheren Zeitpunkt gebeten habt, denn die Heilung wird mit dem Handeln kommen. Und das Handeln ist das Ergebnis von Wissen.

Und so war da auf dem Planeten Erde der Vater. Nun, noch war er nicht Vater, aber er freute sich schon darauf, denn die Geburt seines Kindes stand unmittelbar bevor. Er hoffte also, dass das Kleine ein Junge sein würde, denn er hatte große Pläne für einen männlichen Nachkommen. Der Vater war nämlich Zimmermann, und er wollte dem Kind das Zimmermannshandwerk vermitteln. »Ach, ich habe ihm so viel beizubringen«, sagte er immer. »Ich werde ihn alle Kniffe und Tricks lehren, und ich weiß, er wird das spannend finden und unseren guten Namen als Handwerker fortführen.« So kam es, dass der Vater überglücklich war, als das Kind geboren wurde und es in der Tat ein kleiner Junge war. »Das ist mein Sohn!« rief er allen zu. »Er wird meiner Familie einmal alle Ehre machen. Er wird meinen Namen tragen. Das ist der großartige neue Zimmermann, denn ich werde ihm alles zeigen, was ich weiß. Wir werden eine grandiose Zeit miteinander haben, mein Sohn und ich.«
Und so wuchs der Säugling heran. Er liebte seinen Vater. Denn der Vater war ganz vernarrt in ihn, er nahm ihn bei jeder Gelegenheit auf seinen Arm und sagte: »Warte nur, mein Kleiner, bis ich dir all das beibringen kann! Du wirst begeistert sein. Du wirst von unseren Vorfahren und unserer Handwerkstradition und unserer Familie erfahren, und noch lange nachdem ich nicht mehr bin, werden wir stolz sein auf dich.« Aber es kam nicht dazu, denn davor geschah etwas Ungewöhnliches. Der Sohn fühlte sich nämlich zunehmend erdrückt von der Aufmerksamkeit seines Vater, und auch wenn er es nicht so ausdrückte: Der Sohn hatte das Gefühl, seinen eigenen Weg gehen zu müssen.
Der Sohn begann in kleinen Dingen zu rebellieren. Als er ins Teenageralter kam, interessierte er sich nicht mehr für das, was der Vater über die Zimmerei oder die Familientradition zu sagen hatte. Respektvoll sagte er zu seinem Vater: »Vater, bitte tragt auch mir Rechnung; ich habe meine eigenen Wünsche und Ziele. Mich

interessieren durchaus Dinge, die nichts mit dem Schreinerhandwerk zu tun haben.«

Der Vater traute seinen Ohren nicht und sagte: »Aber Sohn, du verstehst nicht! Siehst du: Ich bin weiser als du, und ich kann für dich Entscheidungen fällen. Lass mich dir diese Dinge zeigen. Vertraue mir. Lass mich das sein, was ich als dein Lehrer sein sollte, und wir werden eine großartige Zeit miteinander haben, du und ich.«

»So sehe ich das nicht, Vater. Ich möchte kein Zimmermann sein, aber ich möchte auch Eure Gefühle nicht verletzen, mein Herr.« Das war das letzte Mal, dass der Sohn »mein Herr« sagte, denn allmählich zersetzte sich der ehrerbietige Umgang von Vater und Sohn immer mehr und schwand, bis nur noch Leere und Düsternis übrig blieben.

Als der Sohn noch älter wurde, erkannte er, dass der Vater ihm weiterhin mit Dingen in den Ohren lag, die er nicht wollte. Und so verließ er sein Elternhaus, ohne sich auch nur von seinem Vater zu verabschieden. Statt dessen hinterließ er lediglich eine Notiz, die besagte: »Bitte lasst mich in Ruhe.«

Der Vater war wie vor den Kopf geschlagen. Mein Sohn, dachte er. Zwanzig Jahre lang habe ich auf diesen Zeitpunkt gewartet. Er sollte alles sein – der grandiose Zimmerermeister, der meinen Namen trägt. Ich schäme mich. Er hat mein Leben ruiniert!

Auch der Sohn machte sich seine Gedanken. Dieser Mann hat meine Kindheit ruiniert und mich gegen meinen Willen in seine Schablonen gepresst, dachte er. Diesmal entscheide ich selbst: Nein, ich will keine zärtlichen Gefühle zu ihm. So herrschten denn auch in der Tat Ärger und Hass zwischen Vater und Sohn, und dabei blieb es ihr Leben lang. Als der Sohn selbst ein Kind hatte, eine wunderschöne Tochter, dachte er sich: Vielleicht, nun ja, vielleicht sollte ich ja meinen Vater einladen, damit er das Kind sehen kann. Schließlich gehört es ja zu seiner Familie. Aber dann überlegte er es sich noch einmal, weil ihm der Gedanke kam: Nein, das ist der Vater, der meine Kindheit ruiniert hat und mich hasst. Also lasse ich ihn auch nicht daran teilhaben. Und so bekam der Vater sein Enkelkind nie zu sehen.

Es begab sich, dass der Vater in seinem 83. Lebensjahr starb. Auf dem Sterbebett blickte er noch einmal auf sein Leben zurück und sagte sich: »Nun, wo mein Tod naht, werde ich vielleicht nach meinem Sohn rufen lassen.« In diesem momentanen Anflug von Weisheit, in dem er schon spürte, wie der Tod näher rückte, ließ er also seinen Sohn rufen.
Dessen Antwort kam prompt. Sie lautete: »Ihr seid mir gleichgültig, denn Ihr habt mein Leben ruiniert. Bleibt mir vom Leib!« Und dann folgte noch ein Zusatz: »Es wird mich freuen, wenn ihr dahingegangen seid!« Ach, da war eine immense Hassenergie in den Gedanken und auf den Lippen des Vaters, als er bei seinem letzten Atemzug daran dachte, wie er nur einen derart abscheulichen Sohn haben konnte!
Der Sohn lebte ein gutes Leben. Auch er war über achtzig, als es für ihn ans Sterben ging. Er starb im Kreise seiner Familie, die ihn sehr liebte und um das trauerte, was sein Wesen ausgemacht hatte, und dass er nicht länger auf dem Planeten wandeln würde. Und hier, meine Lieben, beginnt die Geschichte eigentlich erst. Denn der Sohn verschied und gelangte zur Höhle der Schöpfung. Er unternahm die dreitägige Reise dorthin, wo er seine Essenz abholte und seinen Namen und weiter wanderte zur Ruhmeshalle. Er verbrachte dort eine lange Zeit, um sich bewundern zu lassen. Buchstäblich Millionen von Wesenheiten füllten ein Stadion unvorstellbaren Ausmaßes, und sie applaudierten ihm und ehrten ihn für das, was er auf eurem Planeten durchgemacht hatte.
Seht ihr, meine Lieben, ihr alle seid schon zu früheren Zeitpunkten dort gewesen, aber wir können es euch nicht zeigen, sonst wäre eure Zeit hier ruiniert und ihr würdet euch an zu viel erinnern. Eines Tages jedoch werdet ihr wieder dort sein, um das nächste Abzeichen zu erhalten. Denn die Farben eurer Abzeichen kann jeder im Universum sehen, wenn er euch begegnet. Eure Abzeichen sind wie ein Namensschild, aus dem hervorgeht, dass ihr auf dem Planeten ein Krieger des Lichts wart. Jetzt, wo ich euch diese Geschichte erzähle, könnt ihr euch das schwer vorstellen, aber dennoch ist es wahr. Ihr habt ja keine Ahnung, wie wichtig diese

einzigartigen Abzeichen von der Erde sind. Eines Tages werdet ihr euch an meine Worte erinnern, wenn ihr mich in der Ruhmeshalle im Publikum seht.

Und so nahm der Sohn seine Auszeichnungen entgegen. Seine neuen farbigen Abzeichen wurden in seinem Energiefeld platziert, um sich wirbelnd mit seinen anderen Farben zu mischen. So würden alle um ihn herum sehen können, wer er war. Als diese Zeit vorbei war, trat der Sohn im Umhang der universellen Wesenheit, die er in Wirklichkeit war, in Sphären ein, in denen er sofort seinen besten Freund Daniel sah – diesen Freund, den er zurückgelassen hatte, um zum Planeten Erde zu kommen. Er sah Daniel jenseits der Leere und rief aus: »Du bist es! Ich habe dich so vermisst!« Und sie kamen sozusagen aufeinander zu, um sich zu umarmen und ihre Energien miteinander zu vermischen. Sie unterhielten sich freudig über die alten Zeiten, die sie im Universum miteinander ausgekostet hatten, bevor der Sohn sich zur Erde begab.

Wie er mit seinem Freund Daniel fröhlich durch das Universum tollte, sagte der Sohn eines Tages zu ihm: »Weißt du, Daniel, du bist auf der Erde ein wunderbarer Vater gewesen.«

»Mein teurer Freund«, antwortete Daniel, »und du warst ein wunderbarer Sohn. Haben wir als Menschen nicht Erstaunliches durchgemacht? Und diese völlige Dualität, die uns trennte, während wir auf der Erde waren – wo wir doch die besten Freunde waren!«

»Wie konnte so etwas geschehen?« fragte der ehemalige Sohn.

»Na ja, weil der Schleier so dick war, dass wir nicht wussten, wer wir in Wirklichkeit waren«, gab der ehemalige Vater zurück.

»Aber alles lief doch prima nach Plan, oder?«, fragte der frühere Sohn.

»Ja, in der Tat«, antwortete Daniel, »denn wir hatten nie auch nur den blassesten Schimmer, wer wir wirklich waren!«

Hier verlassen wir die beiden – genau an dem Punkt, an dem sie auf dem Weg zur nächsten Planungssitzung für ein Erdendasein sind. Und wir hören noch, wie einer von ihnen sagt: »Komm, noch eine Runde! Aber dieses Mal bin ich die Mutter, und du bist die Tochter!«

NACHTRAG DES AUTORS

Diese wertvolle Geschichte wendet sich insbesondere an einige von Ihnen, die dies jetzt lesen und bislang noch nicht erkannt haben, dass das, was sich in ihrem Leben abspielt, ein Geschenk für sie ist – oder die ihren besten Freund oder ihre beste Freundin erst noch erkennen müssen.

Sehen Sie doch nur die Liebe, die die Wesenheiten in Kryons Geschichte brauchten, um sich darauf zu einigen, dass sie sich auf dieses Drama einlassen wollten! In der Geschichte geht es exemplarisch um Wut und Hass, aber das sind lediglich karmische Attribute. Es handelt sich um Ängste, die durchbrochen werden wollen, und ich sage Ihnen jetzt, wenn entweder der Sohn oder der Vater zu ihren Lebzeiten erkannt hätten, wer sie waren, so hätten sie sich in die Angst hineinbegeben, die mit Hass und Wut verbunden ist, und wären von Liebe erfüllt aus dem Ganzen hervorgekommen. Ihr Gegenüber hätte dem nicht widerstehen können, und für beide wäre alles anders gelaufen. Das ist Lektion für die Menschheit des neuen Zeitalters. Was Sie auch vor sich zu haben meinen und wie es auch wirken mag, es ist vielleicht nur ein hauchdünner Test, der kurz davor steht, sich aufzulösen und in Liebe und einen friedvollen Kompromiss umgewandelt zu werden.

Verspüren Sie eine unbändige Wut auf jemanden, die unauflöslich scheint? Sie stammt aus der Trickkiste des Karmas und ist eine Lektion für Sie, denn Sie wissen ja selbst, wie viel Energie es erfordert, diese Wut aufrecht zu erhalten und wie sie sich scheinbar ohne Ihr Zutun immer weiter fortsetzt. Ist es nicht Zeit, sie loszulassen?

Liebe ist die größte Macht des Universums. Diese Energie, die Liebe, schenkt Ihnen nicht nur Frieden und ermöglicht Ihnen bei vielen Dingen überhaupt erst, sie zu tun. Die Liebesenergie bringt Sie dahin, bei Anschuldigungen schweigen zu können. Sie verleiht Ihnen die Weisheit und das Unterscheidungsvermögen, zu wissen, dass sie bei der Planung von allem um sich herum mitgewirkt haben. Eigenartigerweise ist diese Liebe auch für die unerleuchtetsten Dinge verantwortlich, die man sich vorstellen kann, denn auch der Ursprung Ihrer karmischen Bedingungen ist Liebe. Mitunter kann sie merkwürdige Gesichter annehmen, wie etwa Hass und Wut auf Angehörige, doch die Liebe ist der König bei dem ganzen Plan – und lauert dann, wenn Ihre Angst sich auflöst, abwartend darauf, von Ihnen entdeckt zu werden. Sie besteht aus Materie und hat eine bestimmte Dicke. Sie hat Logik und Vernunft. Sie ist die Essenz des Universums, und durch die Worte dieser Geschichte wurde sie an Sie weitergegeben.

6

Sarah und der alte Schuh

Hinweis des Autors
Wie wäre es mit etwas wirklich Kurzem? Ich liebe diese Parabel, weil sie so schön darstellt, wie ich manchmal denke. Ich finde mich wirklich wieder in diesem Menschen, der sich mit fast allem arrangieren kann! Warum etwas ändern, wenn es doch auch so läuft? Was? Sie sagen mir, es läuft NICHT? Ach, Quatsch.

Sarah war eine aufgeklärte Frau des neuen Zeitalters. Ihr war klar, wie sie Verantwortung für ihr Leben übernehmen konnte und dass sie herausfinden musste, wozu sie auf dem Planeten war. Also fragte Sarah ihre Führungsengel, wie sie ihre »Lieblingsstelle« finden solle (den Ort, wo sie ihrem Einverständnis nach hatte sein wollen), und sie informierten sie bestens. Sie verstand die Prozesse und machte sich daran, bei der Erschaffung von etwas mitzuwirken, dem, wie sie wusste, ihre ganze Leidenschaft galt.
Sarahs Wunsch war nämlich, die Ökologie des Planeten zu unterstützen – dabei zu helfen, die Bedingungen für die Erde und alles, was

auf ihr lebte, zu verbessern. Durch eine plötzlich auftauchende Chance hierzu (war es ein Zufall?) sollte sie genau das tun können. Die Gelegenheit bot sich in Form einer Stelle in einer Firma, die mit Hightechanlagen zu tun hatte, die dem Schutz der Umwelt dienten – etwas, das Sarah sehr spannend fand und ihr das Gefühl vermittelte, etwas tun zu können, wovon viele profitierten. Für ihre neue Arbeit müsste sie jeden Tag zum anderen Ende der Stadt fahren. Dort würde sie in einem gemütlichen Büro sitzen und ihr Lebensziel verwirklichen.

»Genau deshalb bin ich hier«, bestätigte sie sich. »Mir liegt das so leidenschaftlich am Herzen.« Sie war in Hochstimmung und voller Frieden. Alles lief bestens, als sie die Stelle antrat, bis auf eines. Dazu muss man wissen, dass Sarah, als sie in diese Inkarnation auf dem Planeten hineingeboren wurde, eine Angst vor beengten Räumen mitgegeben wurde. Um zur Arbeit zu kommen, musste Sarah mit der U-Bahn fahren, und diese Fahrt war ein Akt, den sie zweimal täglich wie gelähmt über sich ergehen ließ. Jeden Morgen stieg sie in die U-Bahn und schmorte zunehmend in ihrer eigenen Angst. Panisch umklammerte ihre schweißnasse Hand die Haltestange, und während gesamter fünfundzwanzig Minuten, die sie brauchte, um zu ihrem wundervollen Arbeitsplatz zu kommen, schlug ihr das Herz bis zum Hals.

Nach einem Monat kam Sarah zu ihren Führungsengeln und musste zu ihrem Leidwesen eingestehen: »So geht es nicht weiter. Ich muss mir einen neuen Job suchen.«

»Wie kommt das?« fragten ihre Führungsengel. »Hast du denn nicht mitgewirkt dabei, die Situation zu schaffen? War es nicht genau die, um die du gebeten hattest? Ist das denn kein Sieg?«

»Es geht um den Fahrtweg«, gab Sarah zurück. »Ich kann nicht mehr zu meiner Firma hinfahren, weil ich Platzangst habe. Für mich ist danach immer der ganze Tag gelaufen, und das auch noch gleich zwei Mal – hin und zurück!«

»Sag mal, Sarah«, schlugen ihre Engel vor, »wie wäre es, wenn wir die Angst loswerden, nicht den Job?«

»Ich weiß nicht«, antwortete Sarah zögernd. »Die Angst habe ich

immerhin schon seit fünfunddreißig Jahren, aber den Job erst seit einem Monat.«
Ihr könnt also sehen, Sarah hatte sich mit ihrer Angst arrangiert. Wie ein alter Schuh war sie irgendwie eine Art Freund geworden – etwas Bekanntes, etwas, das schon immer da gewesen war. Und genau wie ein alter Schuh mochte sie unschön anzusehen und längst reif für den Müll sein, aber Sarah hatte sich so an sie gewöhnt, dass sie für ihr Empfinden das Letzte war, woran man etwas ändern könnte.

Nachtrag des Autors:
Auch hier handelt es sich wieder um eine wahre Geschichte. Die Sarah gibt es wirklich, und auch ihre Klaustrophobie, die Arbeitsstelle und das Problem in Zusammenhang hiermit sind real. Es wird Sie freuen, zu hören, dass Sarah sich ihren Ängsten gestellt hat und heute jeden Tag vergnügt und in Seelenfrieden mit der U-Bahn zu ihrer wunderbaren Arbeitsstelle fährt. Aber es gab eine Zeit, wo sie bezweifelte, dass das einmal geschehen würde. Sie sagte damals immer: »Was? Diese Psychogeschichte habe ich doch schon immer gehabt. Wie sollte sich das so einfach verlieren? Das ist zu viel verlangt!«
Schließlich beschloss Sarah, dass der Job wichtiger war als ihre Angst und stellte staunend fest, dass Gott ihre Absicht, die Klaustrophobie für null und nichtig zu erklären, mit fast sofortigen Erfolgen belohnte. Ebenso wie ihr Geist so angelegt gewesen war, dass er in ihr eine Angst vor beengten Räumen erzeugte, hatte er auch die Anlage und Fähigkeit, diese Angst zunichte zu machen – und Sarah nahm die Situation in die Hand und schaffte genau das! Was für ein Bild!

7

Die zwei Gruppen von Kriegern

Hinweis des Autors
Die nachfolgende kurze Geschichte gehört zu meinen Lieblingsparabeln. Sie enthält eine Menge Hinweise, was wir mit den Geschenken Gottes in diesem neuen Zeitalter anfangen sollen.

Es scheint, dass es an einem bestimmten Ort auf dem Planeten Erde einmal zwei Gruppen von Kriegern gab. Beide Gruppen kannten die Geschenke Gottes für das neue Zeitalter, und beide bestanden aus Kriegern des Lichts. Ihnen war klar, worin ihr Vertrag bestand und sie wussten, dass da dunkle Mächte wirkten, die sie gerne davon abhalten wollten, ihre persönlichen Ziele zu erreichen. Also riefen sie Gott an, ihnen sein Geschenk, die neue Energie, zukommen zu lassen, und jeder Krieger erhielt sein Paket wie erbeten.

Das Paket, das jeder einzelne Krieger erhielt, war persönlicher Natur und enthielt jeweils drei Artikel: ein Schwert, ein Schild und eine Rüstung. Das Schwert stand für Wahrheit und war unzerbrechlich. Die Wahrheit ist rein, und rein war auch das Schwert, das sie perfekt gegen die Täuschungen der dunklen Mächte verteidigen würde. Das Schild stand für Wissen – das Wissen um den Schwachpunkt des Feindes und das der Alten aus Archiven ganzer Äonen. Keine Energie konnte das Schild durchdringen, da das Wissen Geheimnisse und Verschwörungen null und nichtig machte. Geheimnisse und Verschwörungen können im Licht des Wissens nicht existieren, denn ihre Macht stützt sich auf Dunkelheit und Unwissenheit. Die Rüstung stand für den »Mantel des göttlichen Geistes«. Sie war die Weisheit des spirituellen Bewusstseins, das den Menschen dazu befähigte, das »Stück von Gott« zu sein, das er ist. Von daher stand sie für die Weisheit Gottes in allem – insbesondere für die Weisheit, angesichts von Angriffen das Zepter der Wahrheit zu schwingen und das Wissen hoch zu halten.

Nun ergab es sich in der Tat, dass es zu einem vereinten Angriff durch die Mächte der Dunkelheit kam. Beide Gruppen der Lichtkrieger hatten den Eindruck, dass sie so weit waren, und so griffen sie schnell zu ihren wirkungsvollen Geschenken, um den Feind abzuwehren. Als die dunklen Mächte sie umzingelten, öffneten die Krieger aus der ersten Gruppe ihre Pakete und starrten ungläubig auf den Inhalt – es waren alles Einzelteile! Beiliegend fand sich ein Handbuch mit dem Hinweis: »LIEFERUNG ERFOLGT ZERLEGT«. Sie konnten nicht einmal ansatzweise rechtzeitig fertig werden, um sich dem Feind zu stellen, und so wurde diese Gruppe bald von der Gegenseite überrannt und von ihr geschlagen. Sie befand sich so in den Händen derer, die von nun an über sie befehligen würden. Die Krieger des Lichts verbitterte das und sie glaubten, dass Gott sie ausgetrickst, ihnen falsche Hoffnungen gemacht und eine trügerische Sicherheit vermittelt hätte. Es war schon reichlich merkwürdig, dass sie nach der Niederlage zwar noch immer ihre Pakete hatten, aber dachten, ihr Inhalt sei wertlos.

Die andere Gruppe hatte ihre Pakete schon längst zuvor geöffnet. Sie hatte ihre Ausrüstungsgegenstände frühzeitig zusammengebaut und

mit ihnen geübt. Damit waren die Krieger gut beraten gewesen, denn sie stellten fest, dass das Schwert fast zu wendig war, um es angemessen zu führen. Zudem bot der Schild so viele Einsatzmöglichkeiten, dass sie sich schwer taten, genau zu wissen, wie sie ihn halten sollten, und die Rüstung erwies sich als recht schwer! Mit einiger Übung und Meditation lernten sie schließlich, alles entsprechend zu balancieren. Sie waren gewappnet.
Sie konnten feststellen, dass keines dieser Elemente allein funktionierte, das heißt, ohne dass alle drei involviert waren. Die Rüstung, die sie am engsten am Leib trugen, war der Schlüssel, denn sie verlieh ihnen irgendwie die Weisheit, die sie brauchten, um Schwert und Schild zu führen. Es war in der Tat so, dass der Schild je nach Situation auf viele Weisen eingesetzt wurde, und das Schwert ließ sich leicht führen, wenn man den Schild entsprechend handhabte. Als der Angriff kam, warf der Feind nur einen Blick auf die mit allen Hilfsmitteln ausgestattete Streitmacht und floh. Es kam gar nicht erst zur Schlacht, und die Krieger frohlockten über ihren Sieg. Niemand unterlag und niemand erlitt Verletzungen.

NACHTRAG DES AUTORS:
Es gibt einige sehr spirituelle Menschen, die weiter darauf warten, dass Gott für sie »etwas tut«. Wenn sie Heilung brauchen, bitten sie Gott darum, und sie hoffen und hoffen und hoffen. Wenn sie möchten, dass sich Situationen in ihrem Umfeld verändern, bitten sie Gott darum, das zu bewerkstelligen, und dann warten und warten und warten sie. Das rührt schlichtweg daher, dass das früher einmal so funktionierte, und das zeigen die alten Schriften. Sogar das Buch Mose belegt diese Tatsache. Damals ging alles Handeln von Gott aus, und Moses und sein Volk wurden angewiesen, sich in Bewegung zu setzen, wenn man es ihnen sagen würde. Von den Plagen bis zu den sich teilenden Wassern und in Stein gehauenen Geboten war alles das Tun Gottes. Selbst als die Israeliten in der Wüste umher wanderten, versorgte Gott sie täglich mit Nahrung, indem er Manna vom Himmel herabregnen ließ.
Das war die alte Energie, die Energie von vor der Zeit, in der wir Menschen die Erlaubnis erhielten, eine größere Energie in uns zu tragen

und größere Fähigkeiten. Als der große jüdische Meister der Liebe, Jesus, auf unserer Erde wandelte, war er der Bote, der uns das Wort gab, das besagte, das alles im Wandel begriffen sei. Das Zeitalter der Liebe Gottes stand unmittelbar bevor. Er sprach von spirituellen Geschenken und zeigte sie uns. Er hielt wunderbare Vorträge, vollführte große Wunder, zeigte einem Fischer, wie er über das Wasser gehen könne und sprach sogar sinngemäß die Worte: »Ihr könnt ganz so sein wie ich!« Seine Botschaft war klar: Wir sind spirituelle Geschöpfe, von der Quelle der Liebe selbst mit den entsprechenden Kräften ausgestattet, wenn wir uns dafür entscheiden.

Nun drängen wir in das neue Jahrtausend, und wir erhalten weitere Geschenke, da wir sie uns, wie Kryon erzählt, in diesem Zeitalter der Liebe verdient haben. Selbst heute jedoch gibt es diejenigen, die davon ausgehen, dass das alte Verhalten – darauf zu warten, dass Gott alles macht – noch immer wirksam ist, obwohl das nicht mehr zutrifft. In dieser neuen Energie sind wir aufgefordert, mitzuwirken bei der Erschaffung unserer Wirklichkeit. Zum Mitschöpfertum gehören zwei (sonst wäre es ja kein »Mit«-Erschaffen). Es erfordert eine Kooperation zwischen der göttlichen Quelle und dem göttlichen Anteil im Menschen, der auch das »Höhere Selbst« genannt wird.

Es ist unabdingbar, dass wir die neuen Wege erlernen, wie wir spirituell in der neuen Energie unseres Planeten arbeiten können. Die »Weltuntergangsprophezeiungen« des Nostradamus werden kommen und gehen, und vielen wird klar werden, dass Kryon Recht hatte. Es gilt nun ein brandneues Paradigma für den Planeten Erde, und während wir an der Zeit vorbeisegeln, in der alles hätte enden sollen, tun wir gut daran, zu verstehen, wie wir spirituell zum Gesamtablauf beitragen und die vorgesehenen Weisen ausfindig machen können, mit Gott daran zu arbeiten, dass dieser Planet ein großartiger Ort wird. Wer das nicht tut, der wird sehr enttäuscht sein und nicht verstehen, was geschehen ist.

Finden Sie mehr über die Geschenke heraus. Heben Sie das Paket auf und benutzen Sie es! Begreifen Sie, wie Wahrheit, Wissen und Weisheit zusammenwirken, um in diesem neuen Zeitalter großen Einfluss zu verleihen.

8

Jason und die Höhle

Hinweis des Autors

Hier eine Geschichte über ein Spiel, das Jason mit dem Wächter spielte, der die Höhle der Schöpfung bewachte. Hinter einer einfachen Aufgabe, die ihm gestellt wird, verbirgt sich ein Test: Wie sehr hat Jason sich selbst unter Kontrolle? Sehen Sie die Verbindung zu unserem Leben?

Jason hatte eine Vision. Eigentlich war es ein Traum, aber das spielte in Jasons Fall keine Rolle. Jason war nämlich hochgradig erleuchtet, und er hatte in seinen Träumen oft Visionen. Diese hier war besonders lebhaft.

Jason befand sich am Eingang einer großen Höhle, und er erkannte sofort, worum es sich handelte. Es war die Höhle der Schöpfung, in der die Akasha-Chroniken lagern. In diesen werden alle Einzelheiten zu den menschlichen Wesen aufgezeichnet, die auf den Planeten kommen und ihn verlassen. *Aha, ich erkenne ihn wieder, diesen Ort*, dachte Jason im Stillen.

An der Höhle stand der Wächter, der ihren Eingang bewachte. Es

schien ihn nicht zu irritieren, dass Jason plötzlich dort stand, ja er erwartete ihn sogar! Der Wächter sprach ihn an: »Schön, dich hier zu sehen, Jason. Wir haben eine Rätselsaufgabe für dich – eine Prüfung – ein Spiel für deine Seele.« Der Wächter lächelte ihn an, und Jason wusste, dass ihn ein köstlicher Spaß erwartete.
»Das ist prima«, bemerkte Jason. »Ich liebe Spiele.«
»Sieh dir den Weg hier an«, sagte der Wächter, während er mühelos das große Tor zur Höhle aufschob. Jason konnte sehen, dass es einen schmalen, geraden Pfad gab, der quer durch die Höhle führte. Am anderen Ende der Höhle konnte er ein Licht erkennen. Dort befand sich offenbar der Ausgang. Es war eine Kleinigkeit, die Höhle zu durchqueren.
»Worin besteht das Spiel?«, fragte Jason den Wächter.
»Wir möchten gerne, dass du einmal die ganze Höhle durchquerst, bis du zum Ausgang kommst. Wir geben dir dafür eine Erdenstunde Zeit«, sagte der Wächter.
»Kein Problem«, gab Jason zurück. »Was bekomme ich, wenn ich es schaffe?«
»Es geht hier nicht um eine Belohnung. Dabeisein ist alles. Es ist eine große Ehre, dass du überhaupt in die Höhle hinein kommst. Die Aufgabe besteht darin, den Weg entlang zu gehen, und das Ziel ist, den Ausgang zu erreichen. Schaffst du das?«
»Klar doch«, sagte Jason. Das war genau das Richtige für seinen sportlichen Ehrgeiz. Der Wächter trat zur Seite, und Jason startete. Er betrat die Höhle. Wieder erkannte er deutlich, was vor ihm lag und sah, dass der Ausgang allenfalls vierhundert Meter weit von ihm entfernt war, und der Weg dorthin verlief schnurgeradeaus. Er hatte reichlich Zeit, also blieb er einen Moment lang stehen, damit sich seine Augen an das Dämmerlicht der Höhle gewöhnen konnten. Als er dann weiterging, bemerkte er mit Interesse, wie viele Farben überall zu sehen waren. Es dauerte nicht lange, und Jason begann auch Geräusche zu hören. Er hörte, wie links und rechts von ihm alles Erdenkliche stattfand. Ich habe eine Stunde Zeit, dachte Jason. Bis zum Ausgang brauche ich nur fünfzehn Minuten. Da kann ich gut einen Moment Halt machen, um herauszufinden, was da los ist.

Jason blieb also stehen und wandte sich nach rechts. Sein erster Blick fiel auf ein Regal voller funkelnder Kristalle. Achtsam verließ er den Weg und ging zu den interessanten Objekten hinüber. Auf jedem der zauberstabartigen Kristalle befand sich eine spezielle Inschrift. Behutsam umfasste Jason einen davon mit den Händen, ohne ihn dabei hochzuheben. Sofort wurde er an den Ort des Geschehens versetzt, von dem in der rätselhaften Inschrift die Rede war. Jason sah die erstaunlichsten Dinge, von denen er nicht einmal gewusst hatte, dass sie existierten. Er sah Kriege. Er sah große Feuersbrünste. Er sah Licht, das sich von der Dunkelheit abhob. Er sah die Namen von so vielen Wesenheiten. Was für ein Erlebnis! Er befand sich tatsächlich dort! Jason verstand nicht, was er da sah, aber er war voller Staunen über all die Informationen und tat sich schwer, den Kristall wieder loszulassen – das Ganze hatte etwas so Bezwingendes. Doch er dachte an das Spiel und an die begrenzte Zeit, die ihm zur Verfügung stand, also ließ er den Kristall wieder los. Ihm war noch ganz schwindlig vom Ansturm der Gefühle, die das gerade Gesehene ausgelöst hatte.

Auf den Weg zurückgekehrt, stellte er fest, dass seine Erlebnisse beim Berühren des Kristalls nur wenige Augenblicke gedauert hatten. Es war ihm so viel länger vorgekommen! Er lag gut in der Zeit. Jason setzte seinen Weg fort, aber es dauerte nicht allzu lange, da hörte er eine Stimme und blieb stehen. »Was ist das für eine Stimme?« fragte er sich. »Sie kommt mir bekannt vor.« Jason merkte, dass es die Stimme seiner Mutter war! Er wandte sich nach links und sah dort weitere Kristalle, eine ganze Gruppe, gar nicht weit von ihm entfernt. Er ging hin und erkannte irgendwie spontan, welcher Kristall der seiner Mutter war, aber man hatte einen Namen in ihn eingraviert, den er nicht kannte. Er hielt einen Moment lang inne und versuchte zu hören, was sie sagte, aber es gelang ihm nicht. Sie war schon vor Jahren verstorben, und dennoch war sie jetzt da – oder war es nur ein Kristall?

Jason musste sich entscheiden. Er wusste, dass er den Kristall seiner Mutter gerne anfassen wollte. Etwas anderes jedoch sagte ihm, dass das zu intim war. Jasons Verstand sagte ihm: »Es bleibt ja in der

Familie, und sie würde doch bestimmt wollen, dass ich dieses Andenken an sie habe. Ich fasse ihn ruhig an.« Also berührte Jason den Kristall, und sofort befand er sich in der Wirklichkeit der vielen Leben, die er mit seiner Mutter verbracht hatte. Die gesamten Aufzeichnungen aus der Akasha-Chronik, aus denen ihre Erfahrungen auf der Erde hervorgingen, offenbarten sich ihm. Er sah die vielen Leben, die sie auf dem Planeten gelebt hatte und die Jahre, die sie anderswo verbracht hatte, bis zu dem Jahr, in dem er sich nun gerade befand. Dann sah er sie in dem Jahr, in dem sie sich nun befand, als Kind – er selbst kam hier nicht vor. Es war faszinierend, und er weinte bei der Erinnerung an sie und vor Freude darüber, wie sie ihm gedient hatte. »O wie wundervoll! Was für ein Spiel!«, entfuhr es ihm laut. Widerstrebend zog er seine Hand zurück, nur um zu merken, dass der Kristall gleich neben diesem der seines Vaters war. Also berührte Jason auch ihn, und es folgte ein ähnliches Erlebnis, worauf Jason erneut sagte: »Das ist ja wunderbar! Was ich hier nicht alles lerne! Welche Ehre. Welche Ehre.«
Nun wurde allmählich doch noch die Zeit knapp. Jason war klar, dass er weiter musste, oder er käme nicht rechtzeitig zum Ausgang. Also beschleunigte er seine Schritte und kam bis vielleicht anderthalb, zwei Meter vor sein Ziel, als er eine weitere Stimme hörte. Dieses Mal erkannte er in ihr seine eigene!
Jason wandte sich nach rechts, und dort funkelte ein weiterer Kristall. Er erkannte gleich den Namen, der in diesen Kristall eingraviert war. Es war ein persönlicher spiritueller Name in Schriftzeichen, die Jason wie arabische Buchstaben vorkamen – Jasons eigener astraler Name. Jason sah zum Ausgang, der nur wenige Schritte entfernt war. Ihm war vollkommen bewusst, dass ihm nur noch wenige Augenblicke blieben. Dann richtete er den Blick wieder auf seinen Kristall und fällte eine Entscheidung. Diese Chance konnte er sich einfach nicht entgehen lassen. Er wandte sich nach rechts und berührte den Kristall, auf dem sein Name geschrieben stand. Man braucht wohl kaum zu erwähnen, dass Jason es nicht schaffte, innerhalb der zur Verfügung stehenden Zeit aus der Höhle zu kommen. Er spielte das Spiel nie bis zum Ende. Er

blieb in der Höhle und erging sich in seinen eigenen früheren Leben, gewann ein immenses Verständnis, wer er war und wer er sein sollte, ein immenses Verständnis, wer seine Mutter und sein Vater in früheren Leben gewesen waren und auch welche Rolle er in ihren Leben gespielt hatte. Und dann wachte Jason auf.
War das ein herrlicher Traum! dachte Jason. Dann erinnerte er sich wieder an das komplette Geschehen darin. »Schon schade, dass ich das Spiel nicht gewonnen habe«, sagte er bedauernd. Jason lebte also weiter, ohne zu begreifen, was der Traum in Wirklichkeit bedeutete. Gleichzeitig hatte er jedoch auch nie das Gefühl, dass der Wächter ihn deshalb abschätzig beurteilte. Ab und zu dachte er nur: Wenn ich es jetzt noch einmal spielen könnte, wäre es anders. Jetzt kenne ich die Fallstricke.
Was Jason nicht verstand, war: Er befand sich noch immer mitten im Spiel.

Nachtrag des Autors

Viele, die diese kleine Geschichte lesen, haben den Eindruck, dass der Weg durch die Höhle für das menschliche Leben steht und dass der Ausgang für das Ende des Lebens steht. Kryons Erklärung nach bedeutet der Weg in der Tat das Leben, der Ausgang jedoch steht für Erleuchtung, Verwirklichung des Selbst, letzte Erkenntnis und eine bevorstehende Veränderung. Deshalb erzählt die Parabel von einem Menschen, der vor eine scheinbar unkomplizierte Aufgabe gestellt wird: Folge diesem Weg hier vom Anfang bis zum Ziel, ohne zu viel Zeit damit zu verbringen, dich umzuschauen – dann wirst du auch dort ankommen. Es steckt aber wirklich noch viel mehr an Informationen darin. Kryon sagt, dass es um uns geht, die gepriesenen Wesen, die auf dem Planeten wandeln, die, während sie hier sind, dazu neigen, sich als alles andere als erhaben zu erleben und eine Menge Zeit damit verbringen, sich mit der Vergangenheit zu befassen.
Ich zitierte aus Kryon Buch II, Seite 243: »Kryon wünscht uns daran zu erinnern, dass, wenn der Star-Spieler in einer Mannschaft vor Begeisterung*

** Denke nicht wie ein Mensch! Botschaften von Kryon, empfangen und geschrieben in Liebe von Lee Carroll (Kryon Band II), Ostergaard Verlag 2000.*

und Respekt vor der Leistung seiner Mitspieler bewegungslos stehen bleibt, das Spiel weder gespielt noch gewonnen wird. Wir sammeln Informationen als Werkzeuge für unser eigenes Handeln und Tun. Es ist nicht unsere Aufgabe, die Mitglieder unserer Unterstützungsgruppe so weit zu studieren, dass dadurch unsere eigene Entwicklung aufgehalten wird.«

Regressionen in frühere Leben sind bestens, es sei denn, man neigt dazu, die ganze Zeit in der Vergangenheit zu leben. Sich mit der Geschichte des metaphysischen Universums zu befassen, ist sehr aufschlussreich, es sei denn, man tut nichts anderes. Kryon würdigt die Tatsache, dass derzeit mehr Informationen zu diesen Themen verfügbar sind als je zuvor in der Weltgeschichte – und es sind faszinierende Informationen, da wir ja unsere neue Unterscheidungsgabe und Intuition erhalten haben. Wenn jedoch das Ziel des Lebens darin besteht, unsere persönlichen Gründe für unser Hiersein zu entdecken – nämlich das Schwingungsniveau des Planeten anzuheben und mit der Verwirklichung unseres Selbst voran zu kommen – so können wir nicht die ganze Zeit damit zubringen, zu betrachten, was einmal war.

Was hätten Sie an Jasons Stelle getan? Wären Sie in dem Moment, wo Sie Ihren Kristall fanden, stehen geblieben? Ich bestimmt ja, das weiß ich. Mitunter sind die Ablenkungen nahezu unwiderstehlich. Ich schätze, dass Gott das, was wir tun, wohl deshalb »Arbeit« nennt.

9

Jessica, die Zornmütige

Hinweis des Autors

Die Verwandlung von Wut und Angst in Frieden und Freude gehört zu den Lieblingsthemen in Kryons Geschichten. Hier eine Geschichte, mit der viele Frauen bestimmt etwas anfangen können, denn sie handelt von einer realen Situation, die schon viele erlebt haben – und immer noch erleben. Die Männer sollten hier gut aufpassen, denn vielleicht hilft es ihnen, ihre Lebensgefährtin besser zu verstehen.

Jessica war eine äußerst liebenswürdige Frau, doch gleichzeitig neigte sie zu heftigsten Wutausbrüchen. Tief unter ihrer liebenswürdigen Hülle kochte sie vor Wut, und diese Wut kam bei jeder Gelegenheit von Neuem zum Vorschein. Es war eine wahnsinnige, unversöhnliche und destruktive Wut. Gleichzeitig richtete sie sich gegen Jessica selbst und brüllte ihr immer wieder ohrenbetäubend laut zu, dass sie es nicht verdiene, am Leben zu sein.
Nur sehr wenige bekamen Jessicas Wut zu spüren, die sich unter

ihrem liebenswürdigen Äußeren verbarg. Äußerlich schien sie ein bestimmtes Gesicht zu haben, innerlich jedoch war sie eine andere, und die Wut schien an den schlimmsten Orten und zu den schlimmsten Zeitpunkten zum Ausbruch zu kommen. Solche Wutanfälle machten Jessica nur noch wütender – als wäre sie wütend darüber, wütend zu sein! Ein wütendes Gebaren war das Letzte auf der Welt, was Jessica sich wünschte, also verbarg sie ihre Wut, wann immer sie konnte. Schließlich wusste sie nur zu gut, dass Wut beim »schwachen Geschlecht« in ihrer Kultur nicht hoch im Kurs stand.

Beziehungen waren für Jessica ein Desaster. Sie beendete sie jedes Mal selbst, indem sie wieder einmal explodierte – danach ließ sich der jeweilige Mann dann nicht mehr blicken. Sie konnte nicht anders. Sie war wütend auf alles oder nichts. Was es war, wusste Jessica selbst nicht so genau. Sicher war nur: Sie war wütend. Danach war sie wieder lieb, bis die nächste Situation kam, die sie zur Weißglut brachte. Die Wut war heftig und eine hässliche Sache. Zudem hatte Jessica sich bei ihren Ausbrüchen nicht in der Hand, und das war ihr durchaus bewusst.

Jessica suchte sich also Hilfe, und gar nicht so lange danach wurde ihr klar, dass ihre Wut auf Kindheitserlebnisse zurückging: Jessica war missbraucht worden. Wie ihr Vater mit ihren Gefühlen umgesprungen war, war aber auch wirklich unverzeihlich! Was er da um einer animalischen Lust willen alles getan hatte, war ebenfalls unverzeihlich! Jedes Mal, wenn sie an diese Vorfälle dachte, war da noch mehr Wut. Wie sie ihn hasste! Jessica war so früh wie möglich von zu Hause weggegangen und hatte ihren Vater danach nie wiedergesehen. Sehr zum Leidwesen ihrer mittlerweile verstorbenen Mutter brachte sie es nie fertig, darüber zu reden, warum sie so aufgebracht ausgezogen war. Ma hat ja nichts mit dem Problem zu tun, dachte Jessica damals, und doch stand die Sache auch zwischen ihnen. Wiederum etwas, das Jessica wütend machte. Ihre Mutter war für sie nie zu der Freundin geworden, die manche Frauen in ihrem späteren Leben in ihren Müttern fanden.

Wie es mitunter so kommt, wurde aus Jessicas Suche nach etwas, das ihr selbst helfen würde, ein Weg zu echter Erleuchtung. Ihr begegnete eine Freundin, die alles an Freude, Liebe und Frieden zum Ausdruck brachte, wonach sich Jessica so sehr sehnte. Diese Frau machte sie mit einer verblüffenden Gedankenwelt in Sachen Selbstwertgefühl und Verantwortung bekannt, mit der sie tatsächlich etwas anfangen konnte, wenn sie sich auch noch schwer tat, sie zu begreifen. Jessica erkannte jedoch, dass das Leben ihr mehr zu bieten hatte, als mit dieser Wut herumzulaufen, und sie hoffte inständig, dass die andere Einstellung, von der diese Frau sprach, ihr helfen würde, diesen Rettungsanker Wut zu kappen und für ein und allemal über Bord zu werfen.

Und so fragte sie auf ihrem neuen Weg zur letzten Erkenntnis eines Nachts ihre Engel und Engelsführer: »Was kann ich tun, um diese Wut auszulöschen? Was kann ich tun?«

Und ihre Engel standen vor ihr und sagten: »Besuche deinen Vater und trete ihm gegenüber!«

GRRRR! Das waren die schlimmsten Worte, die man Jessica hätte sagen können. Und so senkte sich diese dunkle Furcht über sie herab. Ihren Vater aufzusuchen und sein Gesicht wiederzusehen, war ja wirklich das Allerletzte! Jetzt war sie sogar wütend auf ihre Engel, dass sie ihr so etwas vorschlagen konnten. Sie hatte eine Nacht nach der anderen damit verbracht, in Gedanken durchzuspielen, wie sie sich von der Erinnerung an ihn frei machen sollte – und nun sagten die Engel, sie solle ihn aufsuchen? NEIN!

Und so fragte sie noch einmal: »Meine Engel und Führer, was kann ich tun, um Frieden zu finden?«

»Suche deinen Vater auf und trete ihm gegenüber!«, antworteten sie noch immer. Und wieder spürte sie, wie die Angst sich wie eine Decke über sie legte. Als wäre sie wieder ein Kind, konnte sie diese schwarzen, schrecklichen, lüsternen Augen ihres Vaters vor sich sehen. Sie roch förmlich seine Alkoholfahne, und die Angst kroch ihr in die Glieder. Dennoch tat Jessica schließlich, was die Engel ihr geraten hatten. Sie sagte sich: »Gut, ich werde mich zu diesem düstersten Punkt in meinem Dasein hinbegeben – zu den Handlungen meines Vaters, die mein Leben ruiniert haben. Ich weiß nicht, was das mit mir machen wird, aber ich werde es ehrlich versuchen.«

Sie kundschaftete also aus, wo sich ihr Vater befand und musste zu ihrer großen Enttäuschung feststellen, dass er noch immer in der gleichen Stadt lebte. Es wäre für sie einfacher gewesen, wenn er nicht aufzufinden gewesen wäre, aber das war nicht der Fall. Also musste sie das, wovor sie sich fürchtete, wohl wirklich in die Tat umsetzen. *Ich warte solange ab, bis ich das Gefühl habe, jetzt ist er zu Hause, aber noch nicht betrunken,* dachte Jessica im Stillen. *Ich sehe mich vor seiner Haustür stehen. Ich klopfe furchtlos an, und wenn er aufmacht, sage ich ihm, wie grauenvoll es war – was er mir da angetan hatte. Ich werde ihm zu verstehen geben, dass er dafür verantwortlich ist, mein Leben mit Mama ruiniert zu haben, meine Kindheit, mein Leben mit anderen Männern! Ich werde ihm gründlich die Leviten lesen, bis er so klein mit Hut ist. Dann werde ich frei sein.*

In der Nacht vor diesem Ereignis jedoch erlebte Jessica etwas Merkwürdiges. Wie bei Gott so oft, war das ein Eingreifen in letzter Minute. Ähnlich wie bei Abraham, den der Engel fest an der Hand hielt als er seiner schlimmsten Furcht ins Auge sah, so zeigte sich auch Jessica eine bemerkenswerte Vision. In dieser Vision wurde sie geführt und bekam gezeigt, wer ihr Vater in Wirklichkeit war. Sie sah alles im Gesamtüberblick. Sie sah zwei innige Freunde, die einen Vertrag miteinander abschlossen, bevor sie auf die Erde kamen. Sie bekam zu sehen, welche Rolle die Wesenheit, die ihr Vater war, in ihren eigenen früheren Leben spielte – liebender Partner im letzten Leben, ein Leben davor fürsorgliche Schwester und noch ein Leben früher guter Freund. Sie sah, wie sie alle beide ihre Verträge auf dem Planeten erfüllt hatten. Denn er war gekommen und hatte Abscheuliches verbrochen und war gezwungen gewesen, damit zu leben. Sie war gekommen und war missbraucht worden, und damit wiederum musste sie leben. Als beste Freunde, die mit dem Geist Gottes ausgestattet waren, hatten sie, bevor sie überhaupt hierher kamen, in einem Vertrag geregelt, was für ihr jeweiliges Leben angebracht war. Und nun lebten sie alles wie ein Spiel auf der Erde so aus, wie sie es zusammen entworfen hatten.

Die so real wirkende Vision beeindruckte Jessica zutiefst. Konnte es tatsächlich so sein? War das alles nur eine Prüfung zwischen engelartigen Freunden in Verkleidung? Wie als Antwort hierauf fühlte sie, wie eine enorme Welle der Liebe von ihren Engeln über sie hinwegspülte, und da wusste sie, dass es sich in der Tat so verhielt. Jessica wusste, dass sie frei war. Sie wusste, dass ihre Wut verflogen war, da sie das Gesamtbild gesehen hatte – die Liebe in Verbindung mit dem Sinn der Erfahrungen, die sie in ihrem Leben machen musste. Der Vater hatte ganz wie geplant die Wut angestachelt, die Teil ihrer Prüfung sein sollte. Nun konnte sie das Phantom ihrer Angst sehen und dass es im Angesicht der Wahrheit keinen Bestand mehr hatte. Die Wut war von ihr abgekoppelt worden, und sie fühlte sich wirklich vollkommen gelöst von ihren Ängsten über ihren Vater. Schon allein ihre Absicht, sich der Angst zu stellen, hatte ausgereicht – genau wie Abrahams reine Absicht, zu tun, was ihm aufgetragen wurde, genug gewesen war.

An diesem Punkt war es Jessica nun frei gestellt, auf die eigentliche Konfrontation mit ihrem Vater zu verzichten. Sie wusste, sie hatte ihre Aufgabe erfüllt, sie hatte sich direkt in ihre Angst hineinbegeben. Sie hatte die perfekte Intention gehabt, ihrem Vater zu begegnen, und sie hatte die Ehre genossen, diese Vision zu erhalten. Sie verfügte über den Überblick und hatte die Weisheit Gottes empfangen. Sie hatte es geschafft, einer Lektion ihres Lebens den Stachel zu nehmen, und nun empfand sie unglaublichen Frieden.

Doch Jessica verspürte den inneren Zwang, dennoch den Weg zu Ende zu gehen – in Liebe. Mit ihrer neu gefundenen Stärke und ohne ihre bisherige Wut und Unversöhnlichkeit stellte sie sich bei ihrem Vater an die Tür und klingelte. Als er öffnete, sah sie einen gebrochenen Mann, der weitaus älter wirkte, als er war. Er war vollkommen kahl geworden, und der Schock stand ihm ins Gesicht geschrieben, als er sie erkannte. Als sie vor ihm stand, wallten die Emotionen in seinen Augen auf. Bevor er etwas sagen konnte, sagte sie in aller Aufrichtigkeit zu ihm: »Vater, ich liebe dich. Danke, dass du das getan hast, wozu du gekommen warst. Dir ist komplett verziehen. Ich bin deine Tochter, die jetzt ihren Frieden hat.« Ohne ein weiteres Wort machte sie dann auf dem Absatz kehrt und überließ ihn sich selbst, um darüber nachzusinnen, wie so etwas möglich war.

Jessica konnte nicht wissen, dass ihr Vater ein depressiver und verzweifelter Mann war. Vor langer Zeit hatte er seine üble Gewohnheit aufgegeben, einfach, um am Leben bleiben zu können, aber sein Dasein war ihm eine Pein, und er hatte das Gefühl, dass er es nicht verdiente, am Leben zu sein. Man erkennt also unschwer, dass er seine eigenen Probleme hatte – mit seiner Selbstachtung. Er hatte seine Rolle gespielt und war durch den Morast des ganzen Horrors gewatet, der damit einher gegangen war. Er wusste, dass sein Tun unverzeihlich gewesen war, und dennoch träumte er jede Nacht von einer süßen Tochter, die irgendwann schließlich zu ihm kommen würde, damit er sie anflehen könne, ihm zu verzeihen. Ihm fehlte die Kraft, sich auf die Suche nach ihr zu machen, und er hatte große Angst vor ihrer Zurückweisung, wenn er sie fände. Er hatte geträumt, dass seine Tochter bei ihm vor der Tür stand und sagte: »Ich verzeihe dir, Vater.« Und jetzt war es geschehen. Von da an war er wie ein neuer Mensch, und bald konnte er wieder lachen. Seine Gebete waren erhört worden. Er hatte von dem einzigen menschlichen Wesen in Gottes Plan Vergebung erfahren, das ihm diese gewähren konnte, und langsam kehrte seine Selbstachtung zurück.

An diesem Abend wurden gleich zwei Leben gerettet. Sie wurden vor der düsteren Negativität und Angst bewahrt, die alle beide so lange im Bann gehalten hatte – alles das durch das kluge Handeln einer zur Erkenntnis gelangten Tochter. Viele Jahre später sollten zwei gute Engelsfreunde miteinander zwischen den Gestirnen herumtollen und sich erzählen, wie es war, als sie Vater und Tochter waren und wie sie die Prüfung bestanden hatten, indem sie noch in ihrer menschlichen Gestalt ihre wahre Identität erkannten. Sie sollten einander sagen, dass die Wahrheit nie verborgen bleiben kann, wenn man darum bittet, dass sie sich offenbart, und dass die Liebe Gottes immer die Finsternis besiegt.

Nachtrag des Autors

Kann die höhere Erkenntnis, die Verwirklichung unseres Selbst, tatsächlich Ängste oder eine Wut ausschalten, die schon jahrelang oder ein ganzes Leben bestanden? Fragen Sie Jessica, denn die Geschichte ist eine wahre Geschichte. Ein Brief, den ich nach einer Live-Session mit Kryon erhielt, bestätigte, dass die Geschichte von einer Frau handelte, die bei diesem Channelling tatsächlich anwesend war. Viele Männer und Frauen haben zu verstehen begonnen, dass missbraucht zu werden, nicht bedeutet, damit als Opfer gebrandmarkt zu sein. Es ist alles perfekt arrangiert. Der Test dreht sich darum, wie die betreffende Person mit der Wut und Angst umgeht, die sie oft fast handlungsunfähig macht. Lässt man sich von diesen Emotionen auffressen und lässt man zu, dass sie die eigenen Handlungen bestimmen, oder bittet man Gott darum, einem zu helfen, herauszufinden, worin die Prüfung besteht?

Zu unserer Selbstentdeckung gehört unter anderem, herauszufinden, warum wir hier sind und warum das alles geschehen ist. Haben Sie sich irgendwann schon einmal gefragt: »Warum gerade ich?« Wenn Sie die wirkliche Antwort hören, sind Sie wahrscheinlich platt. Was, wenn sie lauten würde: »Weil du es so geplant hast«? Kryon sagt, dass inmitten der schlimmsten Angst und Wut auch die größte Liebe freigesetzt werden kann. Die Prüfungen sind hart, aber der Lohn dafür, sie zu bestehen verheißt Großes. Ob Sie dazu überhaupt imstande sind? Absolut. Kryon sagt uns, dass nur diejenigen, die dessen am meisten würdig sind, hier sind, um die Prüfungen zu durchlaufen, die dieser Planet für uns bereit hält.

10

Die Fragen des neuen Erdenbürgers

Hinweis des Autors

Ich kenne keine Mutter mit Baby, die sich insgeheim nicht schon gewünscht hat, mit diesem kostbaren Wesen fließend nach Erwachsenenart Konversation zu betreiben. Was hat man so einem Kind nicht alles zu sagen! Achten Sie einmal darauf, ob Sie die wahre Bedeutung der folgenden Parabel ergründen können. Sie handelt von einem durch Magie zustande gekommenen Gespräch zwischen einer Mutter und ihrem Säugling. Eine humorvolle Geschichte mit einer wichtigen Botschaft.

Die Menschenmutter war schon verblüfft, als der große männliche Engel in ihrer Waschküche auftauchte. »Was machst du denn hier?«, fragte sie.
»Du hast mich also in der Küche erwartet?«, fragte der Engel.
»Nein, ich habe dich überhaupt nicht erwartet!«, gab die Mutter zurück. »Warum bist du hier?«

»Um dir deinen Wunsch zu erfüllen«, sagte der Engel, als wäre es das Normalste auf der Welt, bei einem Menschen zu Hause ein und aus zu gehen.
»Ich erinnere mich an keinen Wunsch!«, rief die Mutter aus. »Ich will hoffen, ich habe um etwas Gutes gebeten. Nicht, dass du mich lediglich beim Fluchen gehört hast! Wenn ich sauer bin, sage ich viel, wenn der Tag lang ist.«
»Nein, nein«, antwortete der Engel. »Erinnerst du dich noch, wie du deinem Sohn in die Augen gesehen und gemurmelt hast: ›Wenn wir doch nur miteinander reden könnten?‹ Nun ja, und jetzt bin ich hier, um das zu arrangieren. Wenn du morgen Abend ins Kinderzimmer gehst, werde ich auch dort sein. Ich werde es dir möglich machen, mit ihm zu sprechen. Und er wird natürlich auch mit dir sprechen können. Ihr werdet eine kurze Zeit zur Verfügung haben, in der er den Verstand eines Erwachsenen hat und in Erwachsenensprache mit dir reden kann. Mehr sage ich dir dann.« Und damit verschwand der Engel durch den Dunstabzug links neben dem Trockner.
Das alles machte der Mutter keine Angst. Schließlich glaubte sie an Engel und war schon etliche Male im »Angel Shop« ganz in der Nähe gewesen. Sie konnte ja nicht wissen, dass echte Engel keine »Angel Shops« mögen. Diese plötzliche Popularität hatte nämlich dazu geführt, dass es gar nicht mehr so viel Spaß machte, vor irgendwelchen Leuten zu erscheinen. Zu allem Überfluss wollten einige Mütter regelmäßig wissen, wo der Engel denn sein Kostüm her hätte – eine ziemliche Beleidigung für einen echten, lebenden Engel.
Die Mutter tat in dieser Nacht kaum ein Auge zu, und als sie ihren sechs Monate alten Sohn am frühen Abend in sein Bettchen legte, sah sie ihm tief in die Augen und sagte: »Morgen können wir beide uns endlich einmal richtig unterhalten!« Sie war ganz aufgeregt. Der Kleine sabberte als Antwort.
Sie legte sich sorgsam zurecht, was sie ihm sagen würde. Wo anfangen? Wie viel Zeit würde sie haben? Würde sie in der Lage sein, die schwierigen Dinge des Lebens zu erklären? Ihr kam zunächst einmal

alles Erdenkliche in den Sinn, was sie diesem neuen Erdenbürger sagen wollte – etwa, dass ein Herd heiß ist und dass so ein wunderhübsches Feuer ganz schön weh tun kann – aber Moment mal! Der Engel hatte doch gesagt, dass das Kind so reden würde, als hätte es den Verstand eines Erwachsenen. Da sah die Sache doch wieder ganz anders aus! Sie würde ihm also sagen müssen, wie er am besten mit den Mädchen klar käme, und wie man mit einem gebrochenen Herzen umgeht, und dass man nicht jedem trauen soll und nicht zu schnell fahren darf. Du liebe Güte! Es gibt so viel zu erzählen über so ein Menschendasein, dachte sie.

Am folgenden Abend näherte sich zusehends die Zeit für die magische Zwiesprache. Sie wartete am Bettchen des Kleinen im Kinderzimmer, bis die verabredete Stunde gekommen war, zu der der Engel wieder erscheinen wollte.

»Schön, euch beide zu sehen«, sagte der Engel kurz angebunden. »Hier die Regeln für das Gespräch. Liebe Mama, du darfst nur antworten. Sohn, du darfst nur drei Fragen stellen. Dann ist es vorbei.« Mit diesen Worten verschwand der Engel wieder – diesmal durch das Kamingitter.

Das ändert ja alles, dachte die Mutter, während sie ihren Sohn schweigend betrachtete. Vielleicht habe ich ja Halluzinationen. Ich wette, mein Sohn schläft jetzt einfach ein. Aber statt dessen stand das Kind mit einem Mal auf seinen Beinen!

»Liebe Mutter«, sagte der kleine Junge, »es ist in der Tat ein magischer Tag, der uns auf diese Weise zusammen bringt. Was für eine Freude, mit dir an diesem Punkt in meinem Leben sprechen zu können!«

Die Mutter stand in Hab-Acht-Stellung da – vor Staunen stand ihr der Mund offen. Ein bisschen sabberte sie sogar.

»Ich habe nur drei Fragen frei«, ertönte es aus dem Kinderbettchen. »Es gibt so vieles, was ich wissen will!« Der Kleine dachte über seine erste Frage nach, während die Mutter sich erst einmal fassen musste. *Das ist wirklich*, dachte sie bei sich. Mein Sohn redet mit mir, als wäre er schon erwachsen! Was für ein Wunder! Was für ein Geschenk! Sie konnte es kaum erwarten, die erste Frage ihres Sohnes zu hören.

Worum würde es gehen? Philosophie? Religion? Vielleicht würde er ja einen guten Rat wollen, wie er später beruflich am besten vorwärts käme, oder vielleicht ja auch, wie er die Frau fürs Leben fände – eine, die länger bei ihm bleiben würde als ihre Partner bei ihr. Der Kleine sah seiner Mutter in die Augen und stellte die erste Frage: »Mutter, als ich da draußen vor dem Haus auf dem Rücken lag, staunte ich über den Himmel. Warum ist er blau?«

Die Mutter musste schon an sich halten, um nicht loszubrüllen: »Du hast die erste Frage vergeudet! Wen kümmert es schon, warum der Himmel blau ist!« Aber die Mutter war so vernarrt in ihren Sohn, dass sie geduldig die Frage beantwortete, wie es die Regeln vorsahen. Sie erklärte, wie die Atmosphäre und die Sauerstoffmoleküle das Sonnenlicht brechen und es blau wirken lassen – so ungefähr jedenfalls. Zumindest klang es gut. Begierig wartete sie auf die nächste Frage. Die nächste muss aber besser sein, dachte sie. Vielleicht würde er ja gerne wissen, was er mit seinem Leben anfangen solle, damit er nicht als Obdachloser enden oder auf die schiefe Bahn geraten würde.

»Mutter, meine zweite Frage ist Folgende: Obwohl ich erst sechs Monate hier bin, fällt mir auf, dass es draußen manchmal heiß ist und manchmal kalt. Wie kommt das?«

Die Mutter war entsetzt. Noch eine Frage für irgendwelchen Unfug vergeudet! Wie konnte das bloß sein? Aber ihr Sohn beobachtete sie unschuldig und aufmerksam. Für ihn war seine Frage wichtig, und ihr war die magische Zeit kostbar, die sie miteinander verbringen konnten. Bedächtig begann sie ihm etwas von der Erde und der Sonne zu erzählen, und wie die Erde sich ein wenig neigt, während sie die Sonne umrundet, wodurch dann Winter und Sommer, Kälte und Hitze entstehen. Schließlich war es an der Zeit für die letzte Frage. Sie waren fast dreißig Minuten mit den beiden vorherigen beschäftigt gewesen, und im Grunde hatten sie erst so wenig kommuniziert.

»Mutter, ich liebe dich!«, rief der Sohn aus. »Aber woher soll ich wissen, dass du wirklich meine Mutter bist? Kannst du es irgendwie beweisen?«

Was war das schon wieder für eine Frage? Wer hatte ihn denn

darauf gebracht? Wer sonst sollte seine Mutter sein? Hatte sie nicht an jedem Tag seines kurzen Lebens für ihn gesorgt? Wie enttäuschend diese Zwiesprache doch gewesen war. Ihr war fast danach, wegzugehen, zurück in die Waschküche, wo das Ganze angefangen hatte. Na warte, das nächste Mal, wenn ich diesen Engel sehe, stecke ich ihn in den Trockner, dachte sie bei sich. Ihr Sohn sah sie mit unschuldigen, wachen, großen Augen an und wartete auf eine Antwort.

Tränen der Enttäuschung überwältigten sie, aber sie streckte ihre Hände vor sich aus und sagte: »Sieh mal meine Finger, sie sind genau wie deine. Und dann meine Füße und mein Gesicht – auch sie genau wie bei dir. Und wie ich Liebe zeige oder dass ich mich freue, ist auch ganz genau so wie bei dir. Ich bin wirklich deine Mutter. Wir haben die gleichen Augen und den gleichen Mund – schau mal!«

Damit gab sich das Kind zufrieden. Langsam bettete es sich auf seine Matratze und schlief ein.

War das alles gewesen? Das Wunder der Kommunikation war so schnell vorbei gewesen, wie es gekommen war, und die Mutter hatte nicht einmal ansatzweise ein bedeutungsvolles Gespräch mit ihrem Prachtsohn geführt. Wie war es dazu gekommen? Was war schief gegangen? Sie machte sich eine lange Zeit viele Gedanken über all das und trauerte darüber, dass eine solche Gelegenheit verstrichen war, ohne dass sie ihm irgendetwas Wesentliches mitgeteilt hatte.

Da erschien der Engel aufs Neue – diesmal von unten, durch den Badezimmerabfluss.

»Geh bloß weg«, fauchte die Mutter, bevor der Engel irgendetwas sagen konnte. »Was für eine Enttäuschung du gewesen bist!«

»Ich habe dir die Zeit zur Verfügung gestellt«, sagte der Engel freundlich. »Die Fragen habe ich mir nicht ausgedacht.«

»Wozu war das gut? Warum hat mein Sohn nichts Wichtiges gefragt? Du hast mir gesagt, er würde den Verstand eines Erwachsenen haben, aber er hat die Fragen eines Kindes gestellt. Du hast mir einen Streich gespielt mit deinem sogenannten Wunder.«

»Meine Liebe«, antwortete der Engel, »obwohl dein Sohn die Sprache und den Verstand eines Erwachsenen verliehen bekam, hatte er nur die Weisheit und Erfahrung der sechs Monate, die er auf der Erde verbracht hatte. Seine Fragen waren deshalb die wichtigsten, die ihm in den Sinn kamen, und du hast sie alle beantwortet. Außerdem hast du ihm deine Liebe gegeben, während ihr zusammen wart, und du hast nicht die Geduld verloren mit ihm. Er hat sein Bestes gegeben und war ehrlich. Was willst du mehr?«

Die Mutter setzte sich erst einmal hin. Auf den Gedanken war sie noch gar nicht gekommen. Ihr Sohn hatte also die besten Fragen gestellt, auf die er kommen konnte. Wie konnte er denn auch wissen, was er fragen sollte, wenn er nicht über die Weisheit verfügte, die sie hatte? Und hätte ihm jemand diese Weisheit gegeben, so hätte er ja nichts fragen müssen! Ohne weitere Kommunikation verließ der Engel sie zum letzten Mal – dieses Mal durch das Fenster.

Die Mutter kehrte zum Kinderbettchen zurück und betrachtete ausgiebig ihren teuren Sohn. »Du hast dein Bestes gegeben, mein Kleiner«, sagte sie leise. »Es war schon gut, dass wir ein wenig Zeit hatten, um uns zu unterhalten.«

Nachtrag des Autors

Nun, ist Ihnen beim Lesen die eigentliche Bedeutung dieser unterhaltsamen kleinen Geschichte aufgegangen? Sie und ich haben nicht den Verstand Gottes, während wir uns hier auf diesem Planeten befinden, und dennoch ist uns das Geschenk gemacht worden, mit den Meistern sprechen zu können. Wie viel Geduld müssen sie uns gegenüber wohl aufbringen, wenn wir mit Fragen herumwursteln, die für die wahren Gründe unseres Hierseins ohne jeden Belang sind. Wie können wir wissen, was wir fragen sollten? Kryon gab uns die magische Frage unmittelbar nachdem er diese Geschichte in einer Live-Veranstaltung durchgab (sie kommt gleich noch zur Sprache).

Das Interessante an der Geschichte hier ist, dass Gott unsere Fragen selbst dann beantwortet, wenn sie für unser Leben oder für den Zweck der Existenz unseres Planeten bedeutungslos sind. Haben Sie je ein Buch über die Ahnenreihe all der Wesenheiten um uns herum gelesen? Es gibt einige

Bücher, die genaue Angaben dazu machen – die Namen und die Schlachten und wie die Erde entstand. Dort erfahren Sie, wer die Spieler waren und was mit ihnen passierte, lange bevor es auf dem Planeten auch nur eine Atmosphäre gab. Und als Sie diese Bücher lasen – hatten Sie da innerlich ein warmes, wohlig benebeltes Gefühl? Wurde Ihnen durch diese Bücher deutlich, was Sie mit Ihren Leben anfangen sollten? Haben Sie jetzt eine klare Orientierung, wie Sie die Probleme in Verbindung mit Ihrem Dasein als Mensch in diesem neuen Zeitalter lösen? Ich wette, nein. Ihr Buch hat Ihnen lediglich die metaphysische Kinderfrage beantwortet, warum der Himmel blau sei.

So viele Male sehen wir uns gezwungen, Gott zu bitten, uns zu beweisen, dass er auch wirklich Gott ist. Zeig mir dies und zeig mir jenes. Wer sagt mir, dass es dich wirklich gibt? Woher soll ich wissen, dass du Gott bist? An dieser Stelle wird oft erklärt, was es mit der Tatsache auf sich hat, dass wir »nach seinem Ebenbild geschaffen« sind, und an diesem Punkt begreifen wir ansatzweise die Metapher für die Liebe, mit der wir es hier zu tun haben: Das »Ebenbild Gottes« ist das Abbild der Liebe und des Mitgefühls; Eigenschaften, mit denen jeder und jede von uns auf die Welt kommt. Überlegen Sie einmal, wie beleidigend diese Frage für die Engel und die Erhabenen ist, die seit unserer Geburt an unserer Seite sind, und dennoch sind ihre Antworten stets mitfühlend und liebevoll. Selbst diese Antworten bringen uns jedoch nicht von A nach B, und ebenso wenig helfen sie uns, unbefriedigende Beziehungen durchzustehen, sinnlose Jobs, gesundheitliche Probleme, finanzielle Sorgen oder Schwierigkeiten in unserer Familie oder in unserem sozialen Umfeld.

Kryon sagt uns, dass es nur eine Frage gibt, die wirklich Folgen hat für unser Leben und uns dramatisch verändern kann. Wenn wir in Meditation und Gebet vor Gott sitzen, spielt sich eine Kommunikation ab, die in beide Richtungen verläuft. Einige sagen, beten würden wir dann, wenn wir mit Gott sprechen, und Meditation fände dann statt, wenn wir zuhören. Stellen Sie, wenn Sie das nächste Mal die Gelegenheit haben, zu sprechen und zuzuhören, folgende Frage:

»Lieber Gott, was soll ich deinem Willen nach wissen?«

Es gibt keine grandiosere Frage als diese, und sie spiegelt wie keine andere die Weisheit Ihres spirituellen Bewusstseins. Hätte das Kind diese Frage gestellt, so wäre die Mutter noch heute mit ihrer Antwort beschäftigt, und das Kind hätte in seinem aktuellen Wachstumsstadium viel größere Weisheit erlangt.

11

Marla, die Maus

Hinweis des Autors

Ich stand in Seattle vor einem großen Publikum. Lauter anspruchsvolle, ernsthafte, metaphysisch interessierte Leute. Und da entschied Kryon, ihnen eine Kindergeschichte zu erzählen! Ich wand mich innerlich, folgte seiner Anweisung aber trotzdem. Kryon sagte, die metaphysische Elite, die hier versammelt war, wisse sehr gut, dass Kinder und Jugendliche viele der kindlichen Attribute etlicher Aufgestiegener Meister aufweisen. Also bringen wir hier eine Geschichte über eine Maus.

Die Maus Marla war eine gute Maus, die mit vielen anderen Mäusen in einer Mäusestadt lebte. Marla hatte jede Menge zu fressen und führte ein feines Mäuseleben. Immer wieder hatte Marla jedoch Träume, die sie nicht verstand. In ihren Träumen schien sie nämlich in der Luft zu schweben und fühlte sich ganz anders als sonst. Sie konnte sich einfach keinen Reim darauf machen. Marla, die immer alles ganz genau wissen wollte, wandte sich also an Gottmaus und sagte: »Quiek-quiek.« (Wir werden jetzt einmal für sie

übersetzen.) »Was habe ich da für Träume?«, fragte Marla also. »Sie interessieren mich sehr.« Plötzlich erschienen zwei Mäuseengel mit ihren fellbewachsenen Flügeln vor Marla.
»Hör zu, Marla. Wir möchten dir zeigen, was deine Träume bedeuten«, sagten die Mäuseengel. »Du kannst ja mit uns kommen, wenn du möchtest, und dann begleiten wir dich auf einem wichtigen Weg.«
»Ja, ich komme gern mit«, antwortete Marla.
»Du wirst für eine Zeit lang von den anderen getrennt sein«, quiekten die Mäuseengel, »und Schwierigkeiten wird es auch geben, denn du wirst auf Berge klettern müssen.«
»Das macht nichts. Ich komme mit«, fiepte Marla, und ihre Barthaare zitterten aufgeregt.
Und so fassten die Mäuseengel Marla an der Pfote und machten sich mit ihr auf die Reise. Bald hatten sie die Mäusestadt hinter sich gelassen. Die Mäuseengel behielten Recht: Es gab tatsächlich Momente, in denen Marla am liebsten umgekehrt wäre. Obwohl es für sie ein Leichtes gewesen wäre, zu kneifen und nach Hause zu flitzen, tat sie es nicht. Tag für Tag setzte sie ihren Weg trotz der Schwierigkeiten fort.
Unterwegs gesellten sich, wie Marla feststellte, noch weitere Mäuse zu ihnen und stellten die gleichen Fragen, die auch Marla gestellt hatte. Der Zug wurde mit jeder hinzukommenden Maus länger, wobei manche der Mäuse die Reise an einem höheren Punkt begannen als Marla selbst. Einige Mäuse scherten auch unterwegs aus, als sie den Eindruck gewannen, dass das Ganze zu schwierig war. Einige vermissten ihre Freunde und Familie in der Stadt und beschlossen, dorthin zurückzukehren. Doch selbst wenn man all diese Mäuse berücksichtigte, waren da immer noch eine Menge Mäuse, die hinter den Mäuseführungsengeln hertrippelten, um mehr über ihre wunderbaren Träume herauszufinden.
Schließlich erreichten sie eine herrliche Anhöhe, die dahinter steil abfiel. Die Mäuse waren mittlerweile schon lange auf den Pfoten, aber dennoch waren sie nicht müde, denn sie waren ganz gespannt zu hören, was ihre Träume bedeuteten. Alle Mäuse wussten intuitiv,

dass sich in den Träumen eine Botschaft verbarg, etwas ganz Besonderes, etwas Fantastisches – und sie sollten nicht enttäuscht werden. Sie reihten sich alle nebeneinander am Steilhang auf und sahen vor sich einen riesigen Ozean. Solche Wassermassen! Wer hätte gedacht, dass es so etwas überhaupt gab? Marla hatte in ihrem ganzen Leben noch keinen Ozean gesehen und bestaunte ihn mit großen Mäuseaugen. Ah, er roch wunderbar. Noch nie hatte Marla etwas so Einladendes erschnuppert wie den salzigen Geruch des Meeres. Die ganze Mäuseversammlung war völlig aus dem Häuschen, denn alle wussten, dass eine Veränderung bevorstand.

»Wir haben eine Information für euch, durch die ihr eure Träume verstehen werdet«, sagten die Mäuseengel. »Ihr seid gar keine Mäuse. Ihr seid Fische!« Marla war angesichts dieser Auskunft etwas perplex, und einen Augenblick lang sah sie sehr nachdenklich aus.

»Ich bin gar nicht so sicher, ob ich überhaupt ein Fisch sein will«, verkündete Marla dann den Umstehenden. Doch da zeigten die Mäuseengel ihr, was für eine Art von Fisch sie gemeint hatten. Er war bestimmt hundert Mal so groß wie Marla. Ein grandioser, silbrig glänzender, herrlicher, schimmernder Fisch! Was für ein Anblick! Wieder war die kleine Maus wie vom Donner gerührt. Dann begriff sie, dass sie in ihren Träume ein Fisch gewesen war. Aha! Deshalb also war sie schwerelos empor geschwebt, Hunderte von Metern im Meer zurücklegend, nach oben und unten, vollkommen frei, angetrieben von kräftigen, prächtigen Fischmuskeln! Ein Schlag mit seiner Schwanzflosse, und der Fisch kam viele Meter weit. Welch eine Freiheit, so durch das Wasser zu gleiten! Ja, spürte Marla daraufhin, von dort war sie hergekommen. Dort war sie zu Hause!

Als sei dies allen Mäusen gleichzeitig klar geworden, blickten sie plötzlich allesamt zum Meer hinüber, gerade rechtzeitig, um sehen zu können, dass dort Fische waren, die die Köpfe aus dem Wasser hielten und ihnen mit den Flossen zuwinkten und sagten: »Erinnert euch an uns? Wir sind eure Mäusefreunde von früher.«

Marla erkannte einige von ihnen wieder und sagte: »Ja, ich wusste gar nicht, wo ihr geblieben wart. Jetzt weiß ich es.«

Und dann teilten die Führungsengel der Gruppe etwas ganz Erstaunliches mit. »Dies hier ist nicht nur die Deutung eurer Träume. Für eure Reise zu diesem Ort erwartet euch gleichzeitig auch ein Lohn. Ihr braucht einfach nur darum zu bitten, und schon könnt auch ihr prachtvolle Fische sein und in dieses Meer hinein springen, euren Freunden Gesellschaft leisten und ein Leben führen, das euch so viel mehr eröffnet als zuvor. Die Wahl liegt bei euch.«

Drei von Marlas Mäusefreunden und -freundinnen ließen sich das nicht zweimal sagen. Vor Marlas Augen beherzigten sie das Gehörte auf der Stelle. Was für ein Wunder! Es war beinahe so, als würden sie lediglich ihr Mäusekostüm ablegen, um in das große Meer einzutauchen. Da kam Marla ein Gedanke. »Was ist mit den anderen?«, erkundigte sie sich bei ihren Mäuseengeln. »Die, die wir in der Stadt zurückgelassen haben? Werden auch sie kommen?«

»Nein«, antworteten die weisen Mäuse-Fisch-Engel. »Das hier ist nicht für jede Maus bestimmt. Sie müssen Fragen stellen, wie du es getan hast, und genau wie du müssen sie bewusst auf der Suche sein.«

»Wie erfahren sie davon?«, fragte Marla.

»Träume und Mäuseerleuchtung«, versetzten die Mäuse-Fisch-Engel.

Als sie das hörte, kam Marla eine wichtige Frage in den Sinn. »Wenn ich zurückkehren würde und ihnen bei der Mäuseerleuchtung behilflich wäre, könnte ich dann dennoch ein Fisch sein?«

»Jederzeit«, antworteten die Mäuse-Fisch-Engel. »Tatsache ist, dass du jetzt ein Fisch sein und gleichzeitig den anderen in der Stadt helfen kannst.«

»Wie kann ich mich an zwei Orten gleichzeitig aufhalten?«, bohrte Marla weiter. »Wird es ihnen keine Angst einjagen, wenn sie meine Fischpräsenz spüren?«

»Betrachte das als den Anfang der Mäuse-Fisch-Engel-Ausbildung! Du wirst das alles bald verstehen. Wenn du als Fisch zurückkehrst, werden einige dich ablehnen, denn sie werden den Fischanteil von dir nicht sehen. Sie werden dich nur als anders und eigenartig sehen. Es ist eine schwierige Angelegenheit, zur selben Zeit an zwei Orten zu sein. Es liegt bei dir, Marla – kommst du mit?« Und damit

verwandelten sich die Mäuse-Fisch-Engel in Fische und verschwanden mit den anderen im Meer.
Nun, in Kindergeschichten heißt es an diesem Punkt immer: Ende gut, alles gut – und von nun an lebte Marla als Fisch glücklich bis ans Ende ihrer Tage. In dieser Erzählung hier jedoch wurde Marla von den Mäuseengeln ja eine Entscheidung abverlangt. Und so ist das der Punkt, an dem wir uns von ihr verabschieden.
Meine Lieben, wir möchten, dass ihr versteht, worum es in »Marla, die Maus« geht. In der neuen Energie im Rahmen höherer Erkenntnis werden manche von euch spüren, wie es sie in zwei Richtungen gleichzeitig zieht: Die eine ist die, sich zu verändern und sich sozusagen mit ihrem Abschlusszeugnis in der Tasche zu den anderen zu gesellen, während ihr auf dem Planeten bleibt, und die andere ist die, so zu bleiben, wie ihr seid und gute Arbeit für die Menschheit zu leisten. Nicht alle werden zu dem Ort hingerufen, von dem in der Geschichte die Rede war. Macht an dieser Stelle keinen Fehler. Wie ihr euch auch entscheidet, eure Entscheidung wird ohne Urteil über euch akzeptiert. Jeder von euch ist sich hierbei selbst überlassen und wird wissen, was er zu tun hat. Die Antwort im Hinblick auf Marlas Entscheidung findet sich also in eurem eigenen Herzen. So gestaltet er sich, der Prozess, ein Wesen zu sein, das in der neuen Energie auf eine höhere Ebene aufgestiegen ist.

Nachtrag des Autors

Diese Parabel liefert ein Beispiel für eines der mächtigsten und elitärsten Geschenke des neuen Zeitalters – den erfolgten Aufstieg auf eine höhere Ebene. Dieses Geschenk kann auch das verwirrendste sein. Viele haben das Gefühl, dieses neue Geschenk bestehe darin, dass Menschen eine Schwingungsveränderung durchleben und tatsächlich auf Nimmerwiedersehen in den Himmel aufsteigen können. Das ist in der Tat eine der Möglichkeiten.
Kryon sagt uns jedoch, dass der wahre Status der Aufgestiegenen im neuen Zeitalter darin bestehe, dass Menschen in einem neuen Schwingungszustand auf dem Planeten bleiben. Wir bleiben Menschen, aber mit den Eigenschaften eines Aufgestiegenen Meisters. Kryon gibt uns auch zu

verstehen, dass der Weg schwierig ist, dass er aber eine Ehre bedeutet und nicht für alle Menschen gedacht ist. Alles das ist Teil der Energie und Schwingung, die dieser Planet für den Übergang ins neue Jahrtausend benötigen wird. Wir brauchen eine bestimmte Anzahl von Aufgestiegenen Meistern, die auf der Erde bleiben und unter uns wandeln und eine Schwingungsfrequenz haben, die auf der anderen Seite des Schleiers existiert. Sie werden auch nicht unbedingt willkommen geheißen werden, denn die niedrigere Schwingung der meisten von uns verträgt sich nicht gut mit den höheren Schwingungen dieses aufgestiegenen Zustands. Es ist von daher eine Rolle, die Opfer verlangt.

Und das Beispiel mit den Fischen? Damit ist das gemeint, was wir sind, wenn wir nicht hier sind. Es ist unser natürlicher Zustand im Meer des Kosmos. Können wir ein Fisch sein und gleichzeitig eine menschliche Gestalt behalten (oder die Gestalt einer Maus)? Ja, können wir, und darin liegt die Herausforderung des Status der Aufgestiegenen. Mit ihr ist jedoch die Gewissheit verbunden, dass dies eine Distanz zu vielen unserer Freunde und Angehörigen mit sich bringen wird, die von Derartigem nichts wissen und anders schwingen. Aufgrund der Veränderung in Ihnen werden manche Schlechtes in Ihnen suchen. Dieser Status wird zunehmend von vielen erleuchteten Lehrmeisterinnen und -meistern dargelegt und wird im Laufe der Zeit noch klarer werden. Kryon erzählte das Ganze wohl bewusst als Kindergeschichte, um so auf eine Weise, mit der alle etwas anfangen können, die Unterweisung in ein kompliziertes Thema zu beginnen.

12

Angenon und Fürehu

Hinweis des Autors

Eines von Kryons Lieblingsthemen hat mit den Herausforderungen zu tun, vor denen speziell Frauen in unserer Kultur stehen und damit, was die mit diesen Schwierigkeiten verbundenen Lektionen für sie persönlich bedeuten. Kryon ist ebenso wenig ein »Er« oder eine »Sie« wie Gott. »Er« ist eine Wesenheit, die meisterlich die menschliche Natur versteht und uns liebevolle Informationen zum neuen Zeitalter gibt. Als Mann war mir anfangs unwohl dabei, Kryons Worte zu übersetzen, die sich oft so persönlich an Frauen zu wenden schienen. Mittlerweile fühle ich mich nicht nur wohl dabei, sondern verstehe auch den Witz an der Sache: Wir alle kommen einmal an die Reihe, und die Chancen stehen gut, dass alle Männer, die das hier lesen, auf irgendeiner Ebene etwas damit anfangen können – denn natürlich haben wir in unseren vielen Leben auch viele weibliche Inkarnationen durchlebt. Beim Channeln dieser Geschichten bekam ich ein wenig zu spüren, wie es sein mag, Probleme zu haben, die in unserer Gesellschaft nur eine Frau erleben kann. Das hat mich allgemein milder gestimmt und zu einem weiseren Menschen gemacht.

Die nachfolgende Geschichte wird aus der Sicht von zwei Führungsengeln erzählt (etwas, was Kryon auch schon bei anderer Gelegenheit getan hat). Als Namen dieser Gestalten wurden mir Angenon und Fürehu angegeben. Die beiden sind die Führer einer Frau, die den Namen Wo trägt. Bei der Lektüre dieses Buches werden Sie feststellen, dass Wo auch noch in zwei weiteren Parabeln auftaucht. »Ist das die oder der gleiche Wo?« fragen Sie sich vielleicht. Ja, in der Tat, aber in der Geschichte, die hier erzählt wird, befindet sich Wo in einem anderen Leben.

Angenon und Fürehu waren da, um Menschen zu führen. Angenon war ganz anders als Fürehu, denn er war ehemals ein Mensch gewesen, also hatte er etwas vom Schlag der Menschenwesen. Fürehu dagegen war noch nie ein Mensch gewesen. Er hatte schon immer den Kreisen der Führungsengel angehört. Beide hatten ein Leben nach dem anderen mit Menschen zugebracht, und Angenon und Fürehu waren schon ganz gespannt. Sie waren gerade wieder einmal unterwegs zu einem Vorbereitungstreffen, das den Anfang eines neuen menschlichen Lebens kennzeichnete – das war immer Anlass zum Feiern.
In Kürze sollten sie sich mit der ihnen zugewiesenen Wesenheit treffen – eine von denen, die als Hüter der Liebe auf die Erdenebene gesandt werden würden, ein Mensch, für den der Plan vorsah, dass er ein Krieger des Lichts sein würde. Diese beiden Führer, Angenon und Fürehu, die also Seite an Seite auf dem Weg zum Vorbereitungstreffen waren, wollten sich mit dem Wesen kurzschließen, das wir Wo nennen. Wir haben schon zuvor von Wo gehört, in einer Parabel, die ein Jahr zuvor in genau dem selben Raum erzählt wurde. Wo steht nun in der Planungskammer, ganz in der Nähe des Portals, das zur Höhle der Schöpfung führt. Das Wesen Wo ist kurz davor, seine Essenz zu nehmen und mit komplettem Karma zum Planeten Erde zurückzukehren. Angenon und Fürehu sind an der Planung beteiligt, und an dieser Stelle planen Wo und all die anderen, welche Lektionen Karma (frühere Leben) erzeugen und welche aktuellen Erfahrungen sie machen würden. Die Planung ist klar, jedoch nicht mit Vorhersehung zu verwechseln. Wo wird ein weite-

res Mal auf die Erdenebene kommen, um dort dem entsprechenden Karma ausgesetzt zu sein und Gelegenheit zu haben, es zu durchlaufen (genau wie schon in der Vergangenheit). Das erfolgt, damit Wo eine Chance erhält, durch eigene Anstrengung die Schwingung des Planeten zu erhöhen.

Wo ist also in diesem Vorbereitungstreffen darauf gefasst, dort weiterzumachen, wo letztes Mal alles aufhörte (karmamäßig) und auf die Erde zurückzukehren. Hier plant Wo, zusammen mit anderen Wesenheiten, die noch kommen werden, in die Lektionen einzusteigen – mit höher entwickelten Seelen von Wesen, die bereits auf der Erde wandeln und ihre Lektionen lernen. Wo, ehemals männlich, beschließt also, mit Angenon und Fürehu zurückzukehren, dieses Mal als Frau. Die Führer brechen bereitwillig zu ihrer Reise zur Erde auf, Wo zu begleiten, und so kommt es, dass sie sich als Attribut aussucht, am ersten Tag des Monats September geboren zu werden (sie wird Probleme mit Macht haben)!

In den ersten Jahren ihres Lebens wird Wo von ihrem Vater missbraucht, von ihrem Stiefvater und selbst vom Bruder ihres Stiefvaters. Bis sie elf Jahre alt ist, lastet das schwere Karma eines langen Zyklus' auf ihren Schultern – es ist so angelegt. Während dieser Zeit stehen Angenon und Fürehu ihr zur Seite und wachen darüber, wie das vorab geplante Karma ihrer Wahl sich entwickelt.

Meine Lieben, so etwas wie Vorherbestimmung gibt es nicht. Eure Lektionen werden vorab beschlossen und festgelegt, doch welche Lösungen ihr findet, ist euch überlassen, während ihr auf der Erde seid. Es ist so: Würdet ihr Wesenheiten als Hämmer auf die Erde hinunter schicken und sie ein paar Jahre später besuchen, so wärt ihr nicht überrascht, sie im Umfeld von Nägeln zu finden. Das ist Logik, nicht vorbestimmt. Man kennt also die Eigenheiten derer, die am ersten September geboren werden, und so werden die Probleme, denen sie begegnen oder die Lektionen, durch die sie hindurch müssen, nicht überraschen.

Wo tut sich schwer mit Männern. Mit materieller Fülle hat sie keine Probleme, denn das entspricht nicht dem Karma, das sie in sich trägt. Das Geld scheint ihr nur so zuzufliegen, und im irdischen Geschäftsleben macht es ihr Spaß, nach ganz oben zu streben. Ihre Wut und die Energie ihrer karmischen Lektion machen sie boshaft. Sie verschlingt geistig die Männer um sich herum – genießt die Spiele der Geschäftswelt und den Sieg über ihre männlichen Kontrahenten. Dreimal hat sie es mit Partnerschaften versucht, aber keine davon ging gut – wegen der unbändigen Wut in ihr. Als Wo älter wurde, verschlechterte sich ihr Gesundheitszustand, und ihr inneres Ungleichgewicht schuf den Raum für stressbedingte Erkrankungen.

Angenon und Fürehu sahen liebevoll zu und wussten im Stillen, dass alles entsprechend vorbereitet war für das nächste Stadium. Wo und die anderen hatten nämlich vorab beschlossen, dass dies eine sehr wichtige, denkwürdige Inkarnation werden würde, was mit den neuen Eigenschaften der Erde zusammenhing. Im siebenundvierzigsten Lebensjahr kam Wo »zufällig« mit einer Frau in Kontakt, die bereits zu höherer Erkenntnis gelangt war. Es geschah in einem dieser Business-Intensivseminare, bei denen Menschen gezwungenermaßen eine ganze Woche lang – im Namen der Effizienz ohne Rückzugsmöglichkeit – aufeinander sitzen. Angenon und Fürehu erkannten die Frau beide wieder, denn es handelte sich um eine Wesenheit aus dem gleichen Vorbereitungstreffen vor siebenundvierzig Jahren. Das war die Gestalt, die dem Plan zufolge dieses Jahr erscheinen und Wo – vorausgesetzt, sie war soweit – über Gottes Geschenke im neuen Zeitalter aufklären würde.

Wie das Leben so spielt, fand Wo diese Frau interessant. Sie wollte wissen, was an ihr anders war. Als hätte es das Schicksal so bestimmt (ein kosmischer Scherz), ging Wo eines Nachts spät auf die Frau zu und fragte: »Wie kommt es, dass du solchen Frieden hast? Wie kommt es, dass du Männer so gut tolerieren kannst? Was ist dein Geheimnis?«

Angenon und Fürehu waren sofort in Hab-Acht-Stellung! Hier in diesem Augenblick lag, wenngleich noch im Schwebezustand, alles, worauf sie gewartet hatten. Beide spürten, welches Potenzial das, was da geschah, in sich barg, und sie wussten auch, dass sich hier das Fenster mit der Chance auftat, der ihre Vorbereitungen gegolten hatten. Noch nie zuvor in der Geschichte ihrer Aufträge als Führungsengel war ihnen so etwas untergekommen! Während die Frau von der Wahrheit erzählte, ließ Wo ihre Worte mit stoischer Miene auf sich wirken. Später, in der Nacht, geschah es dann. Als Wo alleine in ihrem Zimmer war, begann sie hemmungslos zu weinen, hob in offensichtlicher Verzweiflung die Hände zum Himmel und bat Gott explizit um eine Audienz. Als hätte einer plötzlich auf den Lichtschalter gedrückt, wurden Angenon und Fürehu aktiv. Sie hatte eine Intention zum Ausdruck gebracht! Ja, das Universum hörte zu. Ja, da war noch etwas anderes, großartiger als der menschliche Verstand, und ja, sie konnte während ihrer Inkarnation Frieden erfahren. Für Angenon und Fürehu war das Anlass zum Feiern, und das ganze Treiben rund um ihr Bett sollte Wo eine weitgehend schlaflose Nacht bereiten!

Sehr bald begann sich für Wo vieles zu verändern. Sie traf sich noch viele weitere Male mit der Frau, und sie wurden enge Freundinnen. Sie begegnete noch anderen, die ihr durch innere Prozesse hindurchhalfen und ihr Informationen gaben, die sie brauchte. Die ganze Zeit über frohlockten Angenon und Fürehu über die neue Kommunikation, die ihnen nun mit Wo und ihrem höheren Gott-Selbst möglich war. Später gesellte sich noch ein dritter Führungsengel aus einer Gruppe von Meisterführern zu Angenon und Fürehu, und so kam es, dass Wo sich direkt in ihr Karma hineinbegeben und denen verzeihen konnte, die ihr solches Leid zugefügt hatten. Und somit erlangte sie Weisheit und erkannte ihre eigene Verantwortung für alles, was geschehen war. Und mit ihrer WEISHEIT kam LIEBE. Und mit der LIEBE kam HANDELN! Fortan war Wo nicht nur in der Lage, die Männer in ihrem Leben zu ertragen, sondern sie ging sogar eine Partnerschaft mit einem ein – eine geglückte und liebevolle Partnerschaft. Das war in Anbetracht dessen, wer Wo »einmal gewesen war«, doch recht erstaunlich.

Als Wo sich im dreiundfünfzigsten Lebensjahr befand, mussten Angenon und Fürehu sie verlassen. Wo hatte eine solche Schwingung erreicht, dass ein völlig neues Team von Führungsengeln benötigt wurde, um sie optimal zu unterstützen. Als ihre Engelsführer

sich für einen Zeitraum von neunzig Tagen komplett zurückzogen, war Wo ohne Unterstützung, doch selbst unter diesem Stress begriff sie, was da geschah und beschäftigte sich in aller Seelenruhe mit anderen menschlichen Belangen, und so stand sie diesen Zeitraum problemlos durch.
Angenon und Fürehu hatten also erneut Anlass zum Feiern. Man könnte meinen, Wos Engelsfreunde hätten unglücklich sein und Trauer und Kummer empfinden müssen, weil sie sich von einer so lieb gewordenen Freundin trennen mussten. Sie hatten ja auf sie gewartet und so lange Zeit für sie geplant! Angenon und Fürehu wussten jedoch, dass die einzelnen Teile sich im Gleichgewicht befanden, und Wos stattgefundene Reifeprüfung war eine Lobpreisung des Ganzen, also trennten sie sich bereitwillig und ohne Aufbegehren von ihr, und ohne auch nur einen anderen Gedanken als Liebe zu dem Prozess.
An dieser Stelle verlassen wir Wo, denn ihre Zukunft ist bislang noch nicht realisiert – ebenso wenig wie die Ihre.

Nachtrag des Autors

In dieser Geschichte ist Wo eine »Sie«, und der gesamte Hergang wird aus der Warte der Führer erzählt. Die Parabel enthält wichtige Informationen dazu, wie die Führer wirken. Erinnern Sie sich daran, dass Kryon uns in früheren Schriften von der Tatsache berichtete, dass wir alle mit mindestens zwei Führungsengeln hierher kommen, die immer bei uns sind. Er sagte auch, dass einige von uns noch einen dritten erhalten, und dass die höhere Erkenntnis potenziell einen kompletten Austausch der Führer nach sich zieht. Dieser Komplettaustausch der Führer bedeutet oft eine 90tägige Durststrecke, von der er schon an früherer Stelle sprach.
Kryon erklärt bereits ganz zu Anfang, was es mit den beiden Führern auf sich hat, die »Wo« zugewiesen werden sollen. Einer von ihnen war zuvor ein Mensch, der andere nicht. Diese Information lässt darauf schließen, dass Menschen nicht immer als Menschen wiederkehren. Haben Sie sich schon einmal gefragt, ob ihr »Schutzengel« vielleicht ein alter Bekannter ist? Diese Geschichte belegt, dass es tatsächlich so sein könnte! Wir erfahren zum einen, dass die Führungsengel Spezialisten sind,

die sich in unseren Dienst gestellt haben und uns bei unseren Lektionen unterstützen. Zum anderen lernen wir, dass die Gruppe der Führungsengel sich aus Wesen zusammensetzt, die schon immer Führer waren, und aus anderen, die einmal Menschen waren.

Die nächste Information ist die, dass die Führer bei uns sind, wenn der Vertrag für das bevorstehende Leben entworfen wird. Kryon hat uns von Anfang an gesagt, dass wir ein Bestandteil der Energie Gottes sind – dass wir, während wir uns noch im Gottbewusstsein befinden (etwas, das Menschen nicht voll und ganz verstehen können), unsere eigenen Inkarnationen und Lernchancen innerhalb der einzelnen Leben planen. Was übrigens bedeutet, dass wir komplett verantwortlich für absolut alles sind, was uns auf dem Lebensweg widerfährt, denn schließlich ist uns ja zahllose Male übermittelt worden, dass es keine Zufälle gibt, oder?

Die Führungsengel begeben sich also zu dem Vorbereitungstreffen, um mit dem Menschenwesen zusammenzukommen, das sie begleiten werden und dort planen sie tatsächlich, welche Gelegenheiten das nächste Leben bieten wird! Das ist eine wunderbare Information. Sie hilft uns, zu verstehen, warum die Führer wichtig sind – sie stehen uns zur Seite, um Pläne in die Tat umzusetzen, die wir selbst mitentwickelt haben.

Außerdem zielt Kryon hier erneut darauf ab, dass wir den Unterschied zwischen Vorherbestimmung und dem erkennen, was sich in diesem Vorbereitungstreffen abspielt. Vorherbestimmung entspringt der menschlichen Vorstellung, sie ist keine spirituelle Wirklichkeit. Bei unseren Vorbereitungstreffen werden nur die Lektionen festgelegt. Mit anderen Worten, es ist wie in der Schule: Man kann mit dem Test, der vor einem auf dem Tisch liegt, tun, was man will – ihn wegwerfen, ein Flugzeug daraus falten und ihn aus dem Fenster schwirren lassen, oder man kann sich zusammennehmen und etwas Energie hineinstecken, um diesen Test zu absolvieren! Es liegt vollkommen an einem selbst. Was Ihr Leben angeht, so haben Sie selbst sich diesen Test ausgedacht, als Sie sich im »Gottbewusstsein« befanden. Nur dass Sie es nicht wahrhaben wollen. Merken Sie, inwiefern das etwas ganz anderes ist als Vorherbestimmung? Wir haben die ganze Zeit über absolut die freie Wahl. Kryons Vergleich mit Hammer und Nägeln, als er erklärt, wie die Planung funktioniert, lässt ein weiteres Mal seinen Humor hindurchscheinen.

Die nächste – verblüffende – Information ist die, dass beim Vorbereitungstreffen höher entwickelte Seelen mitwirken, die bereits auf der Erde sind und ihre Lektionen lernen. Sieh an! Hier deutet Kryon zum ersten Mal an, dass womöglich Menschen, die derzeit leben und auf der Erde wandeln, an der karmischen Planung beteiligt sind. Es kurbelt den »Motor« des Gruppenkarmas an. Mit anderen Worten, wenn der karmische Planungsausschuss mit der Planung der nächsten Inkarnationen immer warten müsste, bis bestimmte Menschen die Erde verlassen, wäre das sehr ineffizient. Es würden buchstäblich Wesenheiten »herumstehen« und darauf warten, dass die anderen sterben, bevor sie planen könnten, auf welche Weise sie beim nächstes Mal mit ihnen zu tun haben werden. Überlegen Sie einmal: Sie haben karmisch mit Ihren Eltern und mit Ihren Kindern zu tun, es bestehen also automatisch große Altersunterschiede. Das erklärt, warum ein Kind vielleicht auf die Welt kommt und traurigerweise – wenn es auch die perfekte Lektion für die Eltern sein mag – stirbt, um dann gegebenenfalls kurze Zeit später als weiteres Kind der gleichen Eltern wiederzukehren. Ich sage damit nicht, dass Gott dieses Szenarium ablaufen lässt, sondern will zeigen, wie die Planung funktioniert.

Jetzt fragen Sie vielleicht, wie denn die Lebenden in die Planung involviert sein können? Kryon hat schon öfter etwas zur »Überseele« oder zum »Höheren Selbst« in uns allen erzählt. Tatsache ist, dass es beim Streben nach Erleuchtung und beim Aufstieg auf andere Ebenen darum geht, sich mit seinem Höheren Selbst zu vermählen und hier auf dem Planeten zu bleiben, um wirkungsvolle Arbeit zu leisten (siehe die Parabel »Marla, die Maus« in diesem Buch). Dieses Höhere Selbst ist natürlich ein Teil von uns. Es ist permanent in Kontakt mit Gott, doch nicht seine gesamte Energie ist in unserem Körper. Deshalb findet (wenigstens) über karmische Belange noch eine Kommunikation mit Gott statt. Das erklärt auch mit, wie die komplexen karmischen Interaktionen sich auch später noch ändern können, während die Menschen um uns herum sich durch ihr Karma hindurch arbeiten und wir durch unseres. Mit anderen Worten, mit Bestehen jedes Tests verändern wir den Lehrplan. Und es gibt da einen Teil von uns, der die Punkte mitzählt!

In der Geschichte wird eingangs dargestellt, dass Wo als Kind miss-

braucht und somit genau von den Männern geschädigt wird, die ihr eigentlich familiären Rückhalt bieten sollten. Diese Angaben erfolgen, um aufzuzeigen, wie hier das Karma des Verlassenseins angelegt wurde und welcher Persönlichkeitstyp daraus resultieren könnte. Offenbar wird aus Wo eine überaus erfolgreiche Frau, eine Überfliegerin ohne finanzielle Sorgen, die jedoch massive Probleme mit Männern hat (kein Wunder!) Sie tut sich in beruflicher Hinsicht gern als Siegerin hervor und genießt es, sich mit Männern zu messen (die eigentliche Übersetzung von Kryons Worten würde lauten, dass sie diese Männer gern bei ihren eigenen Spielen schlägt). Sie führt drei Ehen oder Beziehungen, die in die Binsen gehen und schleppt eine Menge Wut mit sich herum, was später für stressbedingte Gesundheitsprobleme sorgt.

Tja, und wo steckten Angenon und Fürehu eigentlich die ganze Zeit? Was nutzt das ganze Schutzengelgetue, wenn die Schutzengel ja doch nichts unternehmen, um jemandem in einem Chaos dieser Art zu helfen? Nun, die Frage ist hier nicht ernst gemeint, denn in Wirklichkeit verhält es sich so, dass Angenon und Füreho in Liebe zusehen und stillschweigend wissen, dass damit nur die perfekten Voraussetzungen für das nächste Stadium geschaffen werden. Die ganzen bisherigen siebenundvierzig Jahre eines Frauenlebens waren die Vorbereitung für einen entscheidenden Test, der kommen würde. Überlegen Sie doch nur – diese unglaubliche Geduld der Engel!

Dann trat die Gestalt, »die dieses Jahr erscheinen sollte«, auf den Plan. Die Führer erkannten sie sofort und waren in heller Aufregung. Liest man weiter, so erfährt man, dass diese programmgemäß auftauchende Person sogar am Vorbereitungstreffen vor siebenundvierzig Jahren teilnahm. Man bedenke doch nur, wie komplex das Ganze ist! Auf ihre eigene Weise erkannte auch Wo die Frau, weil es in der Geschichte heißt, dass sie sich für sie interessierte und für das, was sie zu sagen hatte. Hier war eine Frau, die anders war – an ihr blieb der Teer sozusagen nicht kleben! Soweit ein Querverweis auf die Geschichte mit dem Titel »Das Gleichnis von der Teergrube«. Betrachten Sie einmal, wie in diese beiden Parabeln die gleiche Information eingearbeitet ist: Hier haben wir eine zur höheren Erkenntnis gelangte Frau, die in Wos Leben tritt und bewirkt, dass Wo sich verändert – alles, was sie zu tun hat, ist da zu sein!

So geschieht es in der Geschichte, dass Wo den Frieden und die innerliche Freude dieser Namenlosen mitbekommen musste – und ihre Toleranz Männern gegenüber. Vergessen Sie nicht, dass Wo zu diesem Zeitpunkt aus dem Gleichgewicht geraten und krank war. In ihrem Fall war das der Zustand, in den sie geraten musste, damit sie genug Ego aufgeben konnte, um der anderen Frau Fragen zu diesen schwer greifbaren Dingen zu stellen. Man beachte auch, wie in der Parabel die eine Frau als Botin für diese andere Frau verwendet wird, obwohl wir alle Menschen sind und unser Geschlecht für Gott doch keinen Unterschied machen dürfte. Dennoch macht es einen, wenn es um Karma geht, denn vieles an dem Karma, das wir in uns tragen, besteht in den Energien, die rund um das andere Geschlecht entstehen (Probleme mit dem Vater oder der Mutter und so weiter). In jüngerer Zeit hat die Wissenschaft ferner entdeckt, dass die Gehirne von Männern und Frauen biologisch betrachtet unterschiedlich geschaltet sind, und sie konnte außerdem bestätigen, dass wir tatsächlich unterschiedlich denken. (Im Ernst! Ich frage mich, wie viel man dafür wohl ausgegeben hat? Ich hätte es kostenlos bestätigen können, wenn man mich gefragt hätte.)
Die Frau also ließ Wo teilnehmen an dem, was sie spirituell als wahr erkannt hatte. Die Führungsengel waren schon auf dieses Ereignis vorbereitet. Hier war der Test auf den sie gewartet hatten. Die Parabel erzählt uns, dass Wo, als sie allein in ihrem Zimmer ist, um Hilfe bittet, und wie sie dadurch, dass sie ihre Absicht in Worte fasst, den erstaunlichen Prozess einleitet, der dann folgt. Die Geschichte berichtet weiter über die Veränderungen in Wos Leben sowie von dem dritten Führungsengel, der sich irgendwann zu Angenon und Fürehu gesellt. Er stammt aus einer »Gruppe von Meisterführern«. Auch hier deutet Kyron wieder an, dass sich die Meisterführer von den normalen Führungsengeln unterscheiden. Einige Menschen erhalten quasi eine höhere Art von Engel in ihrem Leben. Die ganze Begrifflichkeit hier ist durchaus korrekt, wenn man berücksichtigt, dass ich beim Channeln von Kryon nur meine eigenen Worte gebrauche. Ich glaube, man könnte die Worte Führer oder Engel, wenn man das möchte, auch gegeneinander austauschen, und dass es wirklich nicht wichtig ist, wie man sie nennt, solange man den unglaublichen Mechanismus versteht, der ihr Hiersein bewirkt sowie ihre Liebe zu uns.

Also wird aus Wo schließlich ein Mensch, der Erkenntnis erlangt hat – sie vergibt denen, die ihr in der Vergangenheit Unrecht getan hatten, erkennt ihre eigene Verantwortung für alles an und findet schließlich inneren Frieden. An diesem Punkt war sie in der Lage, erfolgreich eine Partnerschaft mit einem Mann einzugehen und aufrecht zu erhalten – der wahre Test.

Betrachten Sie nun einmal, was in der Parabel als Nächstes geschieht: Unsere Helden Angenon und Fürehu werden durch jemand anderen ersetzt! Was ist das denn nur für eine Geschichte, bei der die Guten mittendrin hinausgeworfen werden? In Kinofilmen würde das nie funktionieren. Wie war Angenon und Fürehu wohl zumute? Waren sie von diesem Punkt an denn nicht gut genug, um weiter bei Wo zu bleiben? Schließlich hatten sie doch siebenundvierzig Jahre Ärger und Enttäuschung ausgehalten! Hatten sie sich nicht eine Chance verdient, die Ergebnisse der Planung auskosten zu können, an der sie selbst beteiligt gewesen waren?

Wo hatte ihr Wollen auf höhere Erkenntnis gerichtet und entwickelte sich auf einen Status zu, für den sie meisterliche Führer brauchte. Angenon und Fürehu wussten das und freuten sich lebhaft. Sie verließen sie mit viel Liebe und ohne Traurigkeit. Sie waren Teil der Erdgeschichte gewesen und hatten bei allen, was dazu gehörte, gefeiert.

Das ist der Geist Gottes: Dass eine Wesenheit die Freude einer anderen so uneingeschränkt feiern kann. Wer einmal wirklich das große Ganze gesehen hat, kann das Glück seines Nachbarn feiern und es auch wirklich ernst meinen damit, selbst wenn er oder sie das Gefühl hat, das eigene Leben liefe nicht genauso gut. Einige verstehen nie, wie das denn sein kann. Kryon lädt uns ja oft ein, den »Mantel des Geistes Gottes« anzutun. Das bedeutet, die Beziehung zum Höheren Selbst immer bei uns zu tragen und ein solches Gleichgewicht zu erreichen, dass unsere ersten Gefühle gegenüber allen Menschen auf Liebe gründen, ohne all den anderen Ballast, den wir immer gern mit einbeziehen. Ehren Sie die Person neben sich, denn der Prozess, den sie durchläuft, ist mit Ihrem verwandt, selbst wenn Sie meinen, er sähe vollkommen anders aus.

13

Die Geschichte von den zwei Bauern

Hinweis des Autors

Die wenigsten unter Ihnen dürften Landwirte sein; Tatsache ist, dass es hierzulande sogar immer seltener welche gibt! Dennoch sind Sie definitiv gemeint, wenn hier diese Geschichte erzählt wird. Sie enthält eine wunderbare, liebevolle Botschaft im Hinblick auf die Erdveränderungen und die neue Energie, die wir überall um uns herum erleben.

Es waren einmal zwei tüchtige Bauern. Beide besaßen Felder, die sie alleine bestellen konnten, ohne die Hilfe anderer. Aber es nahm sie von Morgens bis Abends in Anspruch, und sie arbeiteten hart, um die Ernte einzubringen. Beide Bauern waren gottgläubige Menschen, und sie behandelten das Land mit Ehrerbietung. So entstand eine gute Partnerschaft mit der Erde, die es ihnen alljährlich mit reicher Ernte lohnte, so dass für sie selbst und ihre Familie gesorgt war. Ein Teil der Erträge deckte ihren Eigenbedarf, den

anderen verkauften sie auf dem Markt, um den Lebensunterhalt und das materielle Wohlergehen der Familien zu sichern. Sie hatten ein gutes Leben.
Eines Tages tauchte ein gesalbter Bote bei beiden auf dem Feld auf, der behauptete, ein Sendbote Gottes zu sein. Er habe eine Nachricht von ihm. Die beiden Bauern merkten auf und hörten mit größter Aufmerksamkeit zu. Der Bote sagte ihnen, sie lägen Gott sehr am Herzen, und durch ihre harte Arbeit hätten sie Fähigkeiten erlangt, durch die sie ihre Ernte verzehnfachen könnten! Es sei ein Geschenk an sie, und nun stünde es in ihrer Macht, damit zu tun, was immer sie wollten. Um die neue Fähigkeit zu aktivieren, müssten die Bauern lediglich dafür sorgen, dass sie ihre Äcker komplett von der alten Ernte bereinigten. Sie sollten die gesamten Feldfrüchte unterpflügen, nichts davon solle stehen bleiben. Außerdem sollten sie die Wurzeln auf Parasiten oder Pilze untersuchen und befallene Pflanzen entfernen. Danach sollten sie sofort mit der Neuaussaat beginnen. In Erwartung ihrer neuen Fähigkeit würde Gott die Jahreszeiten ändern und gegebenenfalls mehr die Sonne scheinen und mehr Regen fallen lassen. Er würde sie auch vor Dürren bewahren – es würde eine regelrechte Neuordnung der ihnen bislang bekannten Faktoren der Landwirtschaft stattfinden, damit sie ihr neues Geschenk nutzen könnten. Sie würden dennoch weiterhin dafür zuständig sein, dem harten Tagwerk eines Bauern nachzugehen, aber das neue Geschenk würde für viel reichere Erträge sorgen.
Nun war gerade die Zeit im Jahr gekommen, in der die Ernte unmittelbar bevorstand. Bei beiden Bauern wiegten sich bereits die Ähren im Wind und warteten nur darauf, geschnitten und auf dem Markt verkauft zu werden – der Erlös war ihre Existenzgrundlage für das ganze bevorstehende Jahr, und von ihm würden sie zudem das Saatgut für das nächste Jahr kaufen. Die Bauern zögerten, ob sie tatsächlich ihre aktuelle Ernte vernichten und jede Absicherung für die nächste Saison aufgeben sollten. Wahrscheinlich würde es doch nicht schaden, wenn sie jetzt zunächst einmal die Ernte einbrächten und dann später von der Information des Boten Gebrauch machten. Die Früchte ihrer Felder waren fast reif, und zu

dieser Jahreszeit zur Neuaussaat überzugehen, wäre unsinnig, so ihre Gedanken. Schließlich wusste doch jeder Bauer, dass das Saatgut zu dieser Jahreszeit nicht keimen würde.
Der erste Bauer beriet sich mich seiner Familie über die Botschaft und fragte sie nach ihrem Rat. Nachdem sie gemeinsam noch einmal überdachten, was der Bote gesagt hatte, gelangten er und seine Familie zu dem Schluss, dass Gott ihnen unter keinen Umständen Schaden zufügen würde, von daher würde es wohl das Beste sein, sich peinlich genau an die übermittelte Nachricht zu halten. Also vernichtete der Bauer seine reife Ernte wie angegeben und pflügte sie komplett unter. Er untersuchte sie auf Schadenbefall jeglicher Art, entfernte die erkrankten Pflanzen und säte auf seinen Feldern unverzüglich neu aus.
Der zweite Bauer glaubte dem Boten nicht. Er traf alle Vorbereitungen dafür, seine Ernte einzufahren wie sonst auch. Kurz danach setzten heftige Regenfälle ein. Das erschreckte die beiden Bauern nicht wenig, denn noch nie zuvor war zu dieser Jahreszeit Regen gefallen. Die Niederschläge bewässerten das Saatgut des ersten Bauern und überfluteten die noch stehenden erntereifen Halme des zweiten. Dann kam der Sturm – zu einer Jahreszeit, zu der es noch nie zuvor gestürmt hatte. Das Saatgut des ersten Bauern begann nach den Regenfällen gerade erst zu sprießen, und so konnte ihr der Wind nichts anhaben. Die übriggebliebenen, im Wasser stehenden Halme des zweiten Bauern jedoch waren hoch aufgerichtet und mit ihren schweren Ähren dem Sturm ausgesetzt, so dass viele von ihnen abgeknickt und davongeweht wurden.
So kam es, dass das, was der erste Bauer angebaut hatte, bald so hoch wuchs und so gut gedieh, wie der Bauer es sich nie vorgestellt hätte. Er genoss die ihm verliehene Fähigkeit, eine reiche Ernte hervorzubringen – ganz genau so, wie der Bote es vorhergesagt hatte. Der zweite Bauer verlor seine alte Ernte und wartete darauf, wieder den Anschluss an die neuen Jahreszeiten zu finden und säen zu können. Diese neuen, nirgendwo verzeichneten Änderungen in den Jahreszeiten machten ihn unsicher und ängstlich.
Als gottgläubiger Mann feierte der erste Bauer seine reiche Fülle,

indem er dem anderen Bauer etwas davon abgab. Und als gottgläubiger Mann nahm dieser das Angebot des ersten Bauern ohne Ego oder Reue über seine Entscheidung an. Beide Bauern und ihre Familien bestellten ihre Äcker, bis der zweite Bauer mit Anbruch der neuen Jahreszeit wieder sein Saatgut aussäen konnte.

Nachtrag des Autors

Der Bauer steht hier für einen Menschen, der mit der Erde vermählt ist und im Einklang mit der Natur harte Arbeit leistet, um seinen Lebensunterhalt zu sichern. Zusätzlich dazu waren die Bauern, um die es konkret geht, in der Lage, ihre Felder »ohne die Hilfe anderer« zu bestellen. Wir haben also die Ausgangssituation, dass hier zwei Menschen auf der Erde wandeln, deren Lebensunterhalt von diesem Planeten abhängt und die restlos verantwortlich sind für alles um sich herum. Kommt Ihnen dieses Szenarium bekannt vor? Es ist ein eindrückliches Bild für das Leben, das die meisten von uns führen. Die Bauern stehen für diejenigen von uns die derzeit auf der Erde wandeln.

Mit dem nächsten Teil der Ausgangssituation können bestimmt all diejenigen von uns etwas anfangen, die in relativ gesicherten Verhältnissen leben. Kryon konstatiert, dass die Bauern im Großen und Ganzen ein glückliches Leben führten und in der Regel jedes Jahr eine reiche Ernte erzielten. Das verweist auf ein Leben, das die meisten von uns führen und in dem wir hart arbeiten und es irgendwie Jahr für Jahr schaffen, finanziell über die Runden zu kommen. Kryon deutet darüber hinaus an, dass das Gleichnis in einer freien Marktwirtschaft angesiedelt ist, denn die Bauern decken mit »einem Teil der Erträge ihren Eigenbedarf, den anderen verkauften sie auf dem Markt, um den Unterhalt und das materielle Wohlergehen ihrer Familien zu sichern«.

Am aufschlussreichsten sind jedoch die Sätze: »Eines Tages tauchte ein gesalbter Bote bei beiden auf dem Feld auf, der behauptete, ein Sendbote Gottes zu sein. Er habe eine Nachricht von ihm. Die beiden Bauern merkten auf und hörten mit größter Aufmerksamkeit zu.« Wie würde es den meisten wohl ergehen, sollte jemand auftauchen und ihnen sagen, er habe eine Botschaft von Gott? Die meisten würden den Typen von ihrem Acker verscheuchen und ihn tüchtig auslachen. (Das ist einfach die

Kultur, in der wir leben.) Diese Bauern jedoch waren anders, denn sie »hörten mit größter Aufmerksamkeit zu«. Sie waren also nicht nur passiv interessiert, sondern hörten sogar aufmerksam zu. Die meisten, die dies lesen, werden an dieser Stelle erkennen, worauf das hinausläuft: Kryon sagt damit aus, dass er im Begriff steht, uns ein Gleichnis von zwei Menschen zu erzählen, die im neuen Zeitalter leben und höhere Erkenntnis, Erleuchtung, erlangt haben.

In der Parabel wird dann beschrieben, wie der Bote den Bauern zu verstehen gibt, dass ihnen eine Veränderung bevorsteht, dass sie jedoch, um mit ihr fertig zu werden und von ihr zu profitieren, etwas Anderes und scheinbar Unlogisches tun müssen. Es ist etwas, das sie noch nie zuvor gemacht haben. Es widerspricht dem, was sie bislang über Ackerbau gelernt haben und scheint unmöglich zu funktionieren.

Betrachten Sie sich die Bedeutung der Anweisungen an die Beiden einmal näher:

(1) Bereinigt eure Äcker um die alte Ernte – Legt eure frühere Herangehensweise an Dinge ab;

(2) Pflügt die Feldfrüchte unter – Begrabt eure frühere Herangehensweise ein für allemal;

(3) Beseitigt schadhafte Pflanzen und Parasiten vor dem Unterpflügen – Klebt an nichts, auch nicht an Dingen, die euch immer als Schmarotzer begleitet haben, obwohl ihr intuitiv wusstet, dass sie falsch waren für euch;

(4) Beginnt sofort mit der neuen Aussaat – Beginnt auf der Stelle, mit der neuen Energie und den neuen Herangehensweisen zu wachsen;

(5) Der Bote lässt die beiden Bauern dann wissen, dass sich die Erde um sie herum verändern wird – er schafft so Raum dafür, dass ihnen angesichts der neuen Entwicklung nicht unwohl wird und dass diese sie unterstützt.

In der Geschichte hat der eine Bauer jede Menge Schwierigkeiten mit all dem. Seine Feldfrüchte stehen kurz vor der Ernte und er kann nicht alles wirklich glauben, was ihm der Bote berichtet. Kryon sagt uns, dass beide Bauern zunächst zögern, eine komplette Ernte zu vernichten – was zeigt, dass es sogar dem Bauern schwer fällt, der schließlich so handelt, wie es ihm aufgetragen wird. Das bedeutet, dass das, was man uns abverlangt, schwierig ist! Es wird keinem von uns leicht fallen, unser altes Umgehen mit Dingen auszumerzen und neue Wege zu gehen. Selbst in Anbetracht des immensen Lohns, der dafür versprochen wird (etwa die zehnfache Ernte) fällt es uns schwer, da wir nicht so recht sehen können, was uns erwartet.

Dennoch habe ich mich beim Nachdenken über diese Parabel immer gefragt, wie denn ein Sendbote Gottes ignoriert werden konnte. Dann musste ich schmunzeln, als mir in den Sinn kam, wie ich mir in der Sonntagsschule die gleiche Frage gestellt hatte, als ich hörte, wie der Pharao immer wieder sein Herz verschloss, als Moses unentwegt »schlagende« Beweise dafür erbrachte, dass er schlecht beraten war, die Sklaven nicht frei zu lassen. War der Pharao begriffsstutzig oder was? Nun zeigt mir Kryon die gleiche Neigung in uns allen! Es ist wirklich schwer, unsere liebgewordenen Umgangsweisen und Gewohnheiten zu ändern, denn wir haben uns ja so lange auf sie gestützt.

In der Parabel befolgt der eine Bauer den Rat und der andere nicht. Kurz danach beobachten beide mit Schrecken die Veränderungen auf der Erde. (Niederschläge und Stürme, die sie zu dieser Jahreszeit noch nie zuvor erlebt haben.) Für die Feldfrüchte des Bauern, der den Rat des Boten befolgt hat, erweisen sich die Veränderungen als günstig. Alles, was er auf seinen Feldern neu aussät, erreicht Rekordhöhe. Das Getreide des anderen Bauern jedoch wird vernichtet (obwohl es bei Ankunft des Boten gesund war und hoch aufgeschossen).

Die Mahnung an uns ist eindeutig: Unsere alten Herangehensweisen werden nicht mehr brauchbar sein. Die Veränderungen auf der Erde werden dafür sorgen, dass es ihnen so ergeht wie Saatgut, das auf unfruchtbaren Boden fällt – sie können nicht mehr gedeihen. Selbst die gesündesten und erfolgreichsten Methoden, die der alten Energie zuzuordnen sind, werden nicht mehr zu gebrauchen sein. Die erfolgreichen sind neu, oft anders, sie stellen unerforschte Gewässer dar. Doch sind das die Methoden, die Liebe, Reichtum und positive Ergebnisse verheißen.

Am Ende teilt derjenige, der mit Fülle belohnt wurde, mit dem, der nicht auf den Rat gehört hat! Er verurteilt den anderen nicht und zeigt nicht mit dem Finger auf ihn. Aber der zweite Bauer, der sich selbst ins Chaos hineingeritten hat, ist auch nicht zu stolz dazu, von dem anderen, dem es wohl ergangen ist, etwas anzunehmen. Unter der Oberfläche findet

sich in dieser einfachen Botschaft so vieles an Weisheit für unser neues Zeitalter, dass man Bände damit füllen könnte. Beide Bauern übernehmen die Verantwortung für das, was sie sich geschaffen hatten, und sie arbeiten harmonisch und auf eine angemessene Weise zusammen, um eine Situation herzustellen, bei der alle am Ende besser dastehen.
Mit dieser Parabel waren direkt diejenigen angesprochen, die bereits höhere Erkenntnis erlangt haben – die Lehrerinnen und Lehrer sowie diejenigen, die durch ihre Arbeit das neue Zeitalter mittragen. Es sind in vielerlei Hinsicht erstaunliche Dinge zutage getreten, die die Gültigkeit der hier präsentierten Lektion demonstrierten und zeigen, dass wir das Gleichnis nicht auf die leichte Schulter nehmen sollten. Es stellt regelrecht ein Szenarium für die Art von Veränderung dar, die nun, wo Sie diese Worte lesen, auf dem Planeten stattfindet. Nehmen Sie sich einen Moment Zeit, es noch einmal zu lesen. Es birgt eine wunderbare und kraftvolle Botschaft.

14

Angela und ihre Engel

Hinweis des Autors

Es folgt eine von Kryons ersten Geschichten, in denen die Engel vorkommen, die uns auf unserer Lebensreise führen. Ursprünglich trug sie den Titel: »Angela die Geliebte«. Es geht in ihr um Verträge mit Gott, das Miteinander mit den Führungsengeln und die Liebe ganz alltäglicher Menschen zu Gott.

Meine Lieben, neben euch sitzen Wesenheiten, die ihr so gut kennt wie euch selbst. Sie sind mit eurer tiefsten Essenz verbunden. Diese Wesen führen euch auf eurem Lebensweg. Manche nennen sie auch Engel oder Geistführer. Sie sind eure besten Freunde. Sie unterstützen euch in Zeiten der Freude und der Angst. Sie werden euch für euer ganzes Leben zugewiesen und lieben euch um des Lernens willen, das ihr auf euch nehmt.

Scheinbar waren da drei Engel. Gemeinsam wurden sie zu einer großen Versammlung gerufen. Dort sollte die Erschaffung eines

Planeten geplant werden, auf dem es einen freien Willen geben würde. Das Universum brauchte eine Situation, in der Wesenheiten sich selbst überlassen sein würden, um ihre eigene Schwingungsebene zu suchen. Nach einer Weile würde das Universum – das gesamte Universum – dann die Ergebnisse messen und wissen, wie als nächstes vorzugehen wäre. Somit stand die Versuchsanordnung für ein wunderbares Liebesexperiment, wobei das Wort Experiment hier mit höchster Ehrerbietung gebraucht werden soll.

Einer der Engel, Angela, war von dem neuen Planeten ganz besonders fasziniert. Sie hörte von dem Plan und sagte: »Das ist wirklich ein ehrenvolles Vorhaben. O ja, daran möchte ich teilnehmen.« Ihre beiden Freunde beschlossen ebenfalls, mitzuwirken, und obwohl die Sache nach menschlichen Maßstäben eine lange Vorbereitung erforderte, ging in der universellen Zeit (die sich ja im »Jetzt« abspielt) alles recht schnell.

So kam es, dass Angela, ihre Freunde und diejenigen, die ebenfalls teilzunehmen beschlossen hatten, Teil dieses großen Ereignisses wurden. Sie setzten in der Versammlung grandiose Verträge für sich selbst auf. Der Plan sah vor, dass sich alle drei auf diesem neuen Planeten inkarnieren würden, und während ihrer Zeit dort würde ihnen ihre wahre Identität KOMPLETT VERBORGEN bleiben. Da die einzelnen Tests, denen sie sich stellen würden, ineinander greifen sollten, musste jeder davon gemeinsam geplant werden. Angela und ihre Freunde brüteten intensiv über der Planung. Die ganzen Pläne und Übereinkünfte waren sehr komplex, denn neben Angela und ihren Freunden waren noch viele weitere Wesenheiten beteiligt – sie alle wirkten bei der Planung mit –, die ebenfalls Tests für sich ausarbeiteten. Nachdem die Lektionen und Tests feststanden, war es an der Zeit zum Handeln. Etliche Wesenheiten, die mit dem Planungsrahmen zu tun gehabt hatten, begaben sich als erste auf die Erde. Als der rechte Zeitpunkt gekommen war, begaben sich dann auch Angela und ihre beiden Freunde gemeinsam dorthin.

Angela hatte mit den anderen geplant, dass sie als weibliches Menschenkind auf die Erde kommen würde. Der Plan erforderte einen Vater, der sie missbrauchen würde. Sie musste ihm diese

Gelegenheit geben, und der Vater hatte seinerseits bereits eingewilligt, diese Rolle zu spielen. Des Weiteren sollte Angela ein schweres Karma zu tragen haben. Von den Dreien, die sich zu einer Inkarnation auf der Erde entschlossen hatten, war sie nämlich diejenige, die das Attribut eines langen Lebenszyklus' aufwies (als Eigenschaft, die mit ihrer universellen Natur zu tun hatte) – perfekte Voraussetzungen für einen Menschen mit schwerem Karma. Außerdem war geplant worden, dass Angela in ihrem dreizehnten Lebensjahr eine passende Prüfung durchlaufen sollte – sie würde ihre Mutter verlieren. Die Wesenheit, die als ihre Mutter auf die Erde kam, half bei der Planung mit und willigte ein, dass diese Situation sich manifestieren würde.

Von seinem Vater missbraucht zu werden und früh die Mutter zu verlieren, waren beides sehr belastende Faktoren für ein kleines Menschenkind, und sie wurden im Rahmen des Gesamtplans entsprechend arrangiert. Es ist an dieser Stelle wichtig festzuhalten, dass hier keine Vorherbestimmung wirksam war. Dies waren Herausforderungen, vor die Angela und ihre Menschenfamilie gestellt werden würden. Diejenigen in ihrem Umfeld, die sich bereit fanden, auf die Erde zu kommen, um sie vor die schwersten Herausforderungen zu stellen, taten dies freiwillig und hatten es mit ihr so vereinbart. Sobald sie erst einmal Teil der Erde waren, würde es ihnen allen frei stehen, sich nach Belieben im Rahmen ihres eigenen Plans zu bewegen oder diesen zu verlassen. Deshalb wurden die Fenster, die solche Möglichkeiten eröffneten, vorher gemeinsam festgelegt. Bei den Tests würde geprüft werden, was die Einzelnen mit den jeweiligen Chancen anfangen würden. Jeder Mensch hatte vollkommen die Wahl: den Plan durchzuziehen oder nicht.

So wurde Angela schließlich auf die Erdebene geboren, und die beiden Engel, die im Universum ihre besten Freunde waren, gesellten sich als Führer für ihr Erdendasein zu ihr. Alle beide würden unsichtbar bei ihr sein, um das energetische Gleichgewicht aufrecht zu erhalten, während sie biologisch am Leben war. Sie würden nie von ihrer Seite weichen.

Angelas Geburt als menschliches Wesen fand im September statt.

Alles entwickelte sich nach Plan, und ihr Karma sowie das Karma der Gruppe um sie herum war arrangiert. Ihr Vater spielte in der Tat seine vereinbarte Rolle, denn sein Karma verlangte ja von ihm, sie zu missbrauchen. Er tat es also, da er im Vollbesitz seiner astralen Weisheit Ja dazu gesagt hatte, Angelas karmische Attribute Gestalt annehmen zu lassen. Es war eine schwere Zeit für das Kind. Angela sollte sich später noch erinnern, wie sie sich in einem Schrank versteckte und hoffte, dass der Vater an diesem Tag nicht nach Hause kommen würde. Zitternd vor Angst saß sie dort im Dunkeln. Was würde passieren? Er kam dann schließlich doch noch nach Hause, betrunken, und polterte in blinder Raserei durch das Haus, bis er ihr enges, dunkles Versteck gefunden hatte. Was dann für Angela folgte, war alles andere als angenehm und erzeugte eine Energie, die sie ihr ganzes Leben verfolgen sollte. Sie konnte sich später genau erinnern, wie ihr Vater roch, wie er sich anhörte, wie es war, diese Angst auszuhalten. In dieser Nacht und in den Nächten, die ihr folgen sollten, wurde Angela als missbrauchtes Kind gebrandmarkt, immer wieder.

Angela überstand das alles und verlor dann im dreizehnten Lebensjahr ihre Mutter. Sie war völlig aufgelöst und wusste weder aus noch ein. Sie fühlte sich von allen verlassen. Angela zog sich zurück, zu den Bäumen, und saß lange, lange Zeit schluchzend auf einem Baumstumpf, verzweifelt darüber, ein Kind zu sein, das die Bürde eines Erwachsenen trug. Die ganze Zeit über waren ihre Freunde – ihre Engelsführer – bei ihr, spendeten ihr Energie, hielten ihre Hand und weinten selbst bittere Tränen angesichts der schweren Prüfungen, denen der Lebensgeist dieses Menschenwesens hier unterzogen wurde, und sie schickten ihr ihre Liebe.

Angela überstand auch diese Zeit, aber dann geschah etwas Interessantes. Die Ausgangssituation war nun ganz nach Plan komplett angelegt. Diejenigen, die sich bereitgefunden hatten, das Ihrige zu dem Spiel rund um Angela beizusteuern, hatten ihre Rollen gespielt und dabei neues Karma für künftige Inkarnationen erzeugt. Die Frage war nun: Was würde Angela mit dem karmischen Attribut eines Vaters, der sie missbraucht hatte, und einer früh verstorbenen

Mutter anfangen? Was würde all das in ihrem späteren Leben für sie bedeuten? Damit stand ihre karmische Prüfung fest.
Nun, so seltsam es klingt: Als sie erwachsen geworden war, wusste Angela zunächst einmal nichts Besseres, als sich einen Partner auszusuchen, der ganz wie ihr Vater war! Die Engel an ihrer Seite wussten, warum das geschah und unterstützten sie in dieser Zeit. Wie sich herausstellte, sollte Angela auch von diesem Partner missbraucht werden.
Auf Angelas Lebensreise kam der Zeitpunkt, wo ihr Partner sie verließ, und wieder war sie die im Stich Gelassene. Ihr Vater hatte sie im Stich gelassen, indem er durch den Missbrauch eine nicht mehr intakte Familie zurückließ, ihre Mutter hatte sie durch ihren Tod im Stich gelassen, und nun ließ ihr Partner sie im Stich. Angela befand sich an einem Scheideweg. Würde sie sich nach innen wenden und Gott die Schuld an ihrem Elend geben? Würde sie von jetzt an das Opfer »spielen«? Angela stand vor der Wahl – jener Wahl, die der Flammpunkt ihrer Entscheidung gewesen war, überhaupt auf die Erde zu kommen. Was sie dann tat, sollte sich auf den ganzen Planeten auswirken.
Inmitten dieser Prüfung gab Angelas innere Stimme ihr nämlich ein, ihr eigenes Inneres zu ergründen. Die Weisheit, die sie dadurch erlangt hatte, schon früh mit Tod und Missbrauch umgehen zu müssen, hatte ihr einen Weitblick geschenkt, der ihr nun half, ausgeglichen auf die Heimsuchungen ihres Lebens zu reagieren. Die Engel um sie herum waren ganz aufgeregt. Sie wussten, dass jetzt etwas geschehen würde. Und richtig: Angela begann ihren Blick nach innen zu richten, um herauszufinden, wer sie in Wirklichkeit war. Sie begab sich auf einen spirituellen Weg, der für sie schließlich zu einem friedvollen Leben führen sollte und dazu, denen verzeihen zu können, die sie auf so viele Weisen verletzt hatten. Während dieses Prozesses wurde ihr Karma zerstreut, und Angela brachte sich selbst auf eine höhere Schwingungsebene, was wiederum für alle Menschen auf der ganzen Erde etwas änderte.
In ihrem dreiundachtzigsten Lebensjahr starb Angela. Sie vollendete damit eine Inkarnation, die für sie und die Gesamtheit wertvoll

gewesen war. Ihre Selbstentdeckung hatte die Schwingung des Planeten um etliche Grade erhöht, und sie konnte in Frieden sterben.

An dieser Stelle wird die Geschichte erst so richtig gut, meine Lieben. Nachdem sie nämlich ihren eigenen Tod und die Reise zur Höhle erfahren hatte, kam Angela in eine große Ruhmeshalle. Ihr Menschen hier habt noch nirgendwo auf der Erde etwas Vergleichbares gesehen, und genauso wenig könnt ihr euch von früher daran erinnern, denn eurem Gedächtnis ist der Zugriff darauf verwehrt. Aber ich sage euch, meine Lieben, dies ist der Ort, an dem ihr nach jeder Inkarnation eure Ehrenabzeichen erhaltet. Euch wird eine neue Auszeichnung verliehen, an dem das gesamte Universum ablesen kann, in welcher Hinsicht ihr euch verdient gemacht habt. Denn wohin ihr von diesem Punkt an auch geht – an diesen Abzeichen werden alle Wesenheiten im Universum erkennen, wo ihr bereits gewesen seid. Und an diesen Planeten des freien Willens, für den ihr euch als Freiwillige gemeldet habt, wird man sich stets erinnern und man wird euch immer in Ehren halten. Viele werden lange Gespräche mit euch führen und euch bitten, doch zu erzählen, wie es war, an dem grandiosen Projekt namens Erde beteiligt zu sein! Andere werden sich respektvoll auf Distanz halten – wenngleich auch sie von eurer Reise wissen werden –, und alle werden euch sehr schätzen für eure Liebe und die Opfer, die ihr gebracht habt. Denn was auf der Erde geschieht, hat einen Einfluss auf das gesamte Universum.

Deshalb steht ihr bei Gott in hohen Ehren! Denn das, meine Lieben, ist die Aufgabe, für die ihr euch gemeldet habt. Es mag in euren Ohren zwar etwas bombastisch klingen, aber es sind zig Millionen Wesenheiten bei dieser Zeremonie anwesend, in der ihr geehrt werdet. Sie alle befinden sich gleichzeitig in der großen Halle, um die Auszeichnungen zu feiern, die jedem und jeder Einzelnen von euch verliehen werden. Denn es handelt sich um ein neues Ehrenabzeichen, das bislang im Universum nicht existiert hat. Ihr, die ihr euch immer wieder auf diesem Planeten inkarniert, gehört einer einzigartigen Gruppe von Wesen an, die sich hierfür gemeldet und

in eine Warteschlange eingereiht hatten, und der Prozess, den ihr durchlauft, erfüllt uns (Kryon) mit ehrfürchtigem Staunen. Deshalb sitzen wir euch zu Füßen. Deshalb lieben wir euch so sehr!
Angela stand vor der wogenden Menge und nahm ihre Abzeichen entgegen, und neben ihr feierten die Engel, die sie geführt hatten, und auch sie wurden – mit anderen Abzeichen – geehrt. Nach der Ehrungszeremonie war Angela mit ihren Freunden allein. Sie begannen sich über die wunderbaren Dinge zu unterhalten, die sie in ihrer Zeit auf dem Planeten Erde gesehen hatten. Als ihre Freunde mit ihr zu reden begannen, war es so, als würden sie sich bildlich gesprochen alle an den Händen halten und auf und ab hüpfen und im Spiel vor der Kulisse der Lichtergalaxie herumtollen.
»Weißt du noch, Angela wie du dich damals vor deinem Vater im Schrank verstecken musstest? Und wie wir neben dir saßen und deine Hand hielten und dich in den Arm nahmen? Weißt du das noch? Wir spendeten dir Energie, damit du das durchstehen würdest. Wir schickten dir bedingungslose Liebe. Wir hielten dich, wenn du zu schwach warst, um dich zu wehren. Wir umfingen dein Herz, wenn du dachtest, es würde brechen in seiner ganzen Verwirrung!«
Und Angela antwortete: »O ja, das weiß ich durchaus noch. Liebe Freunde, danke für eure Liebe. Ich weiß es noch – ja!«
»Ach ja, Angela«, sagten sie, »und weißt du noch, wie damals deine Mutter starb, die dir so viel bedeutete? Wie du alleine im Wald auf dem Baumstumpf saßest und dich fragtest, was das Leben dir noch zu bieten hatte – wo du hin solltest und wie deine Zukunft aussehen würde? Weißt du noch, wie wir dabei neben dir saßen und dich an den Händen hielten, dir Energie gaben und dir unsere Liebe schenkten? Erinnerst du dich noch an die zusätzlichen Tränen, die von uns kamen, und daran, wie wir deine Bürde mit dir teilten? Erinnerst du dich?«
Und Angela sagte: »Ahh, ja, ich erinnere mich. JA!«
Ihre Freunde fragten weiter: »Angela, weißt du noch, wie viel Spaß wir bei deiner Hochzeit hatten, und wie fröhlich du damals in diesen jungen Jahren warst? Weißt du noch, wie du dich gefreut hast und wie glücklich du damals warst? Wir hielten dich an den Händen

und umarmten dich und schickten dir Energie und tanzten mit dir. Erinnerst du dich?
»O ja, meine lieben Freunde, ich erinnere mich«, gab Angela zurück. »War das nicht eine phantastische Zeit?«
Plötzlich wurde Angela ganz still. »Durch all diese Zeiten hindurch«, sagte sie schließlich bekümmert, »habe ich eure Anwesenheit kein einziges Mal gewürdigt. Ich habe euch nie gesagt, dass ich euch zu schätzen weiß. Irgendwie wusste ich, dass ihr da wart. Ihr seid meine besten Freunde, aber ich habe euch nicht einmal gesagt, dass ich euch liebe.«
Da sprangen ihre Freunde auf und sagten: »Aber vergiss nicht, Angela, du warst in der Dualität, du warst ein Mensch! Du warst im gesalbten Raum des Lernens. Du stecktest mitten in den vereinbarten Prüfungen. Mach dir keine Vorwürfe, denn du warst und bist großartig! Mit der Feier, die wir gerade erlebt haben, wurden deine Reise und Anstrengungen geehrt. Da existiert in unseren Augen kein Versagen, nur Bewunderung für deinen Weg.«
Angela war klar, dass die Bemerkungen der Beiden stimmten, und dennoch regte sich Etwas in ihr, das sie sagen ließ: »Es gibt noch mehr zu tun.« Und dann beschloss sie unter großer Zustimmung der anderen: »MACHEN WIR ES NOCH EINMAL! Kehren wir zur Erde zurück! Und dieses Mal, dieses Mal werde ich euch vielleicht sehen und wissen, wer ihr seid. Wird das nicht phantastisch sein?«
Also verlassen wir die Geschichte an diesem Punkt, an dem Angela mit ihren Freunden erneut zu den Planungstreffen zurückkehrt, um ein weiteres Mal am Menschsein teilzuhaben, dieses Mal mit noch besserem Ergebnis. Das ist der Mechanismus, der euch dazu bringt, ein ums andere Mal zurückzukehren. Denn die Arbeit, die ihr für die Erde verrichtet, ist ein Werk der Liebe; sie ist sehr wichtig und dient einem erhabenen Zweck. Wenn ihr nicht auf dem Stuhl sitzt, auf dem ihr euch jetzt befindet, und nicht in dem Körper seid, den ihr jetzt ausfüllt, habt ihr den gleichmütigen Geist Gottes, und ihr wisst, welche Ehre dem gebührt, wovon hier die Rede ist!
Ahh, meine Lieben, wenn ihr sehen könntet, was Kryon sieht, so würdet ihr sehen, dass der Raum voll ist von denen, die euch lieben

und buchstäblich mit euch verbunden sind. Ja, ich spreche mit jedem und jeder Einzelnen von euch hier. Und denen von euch, die glauben, dass sie diese Engel oder Führer nicht wahrnehmen, geben wir ein Geschenk: Wenn ihr später allein seid, traut euch, darum zu bitten, dass diejenigen, die all diese Jahre bei euch gewesen sind, euch ein klein wenig umarmen. Gebt euch den Raum, ihre gefühlsmäßige Gegenwart zu spüren. Dass ein Mensch das tut, ist eine solche Ehre für die Führer und Engel, die um euch herum sind! Ihr habt keine Ahnung, wie sie bei eurer Bitte frohlocken werden, und ihr werdet lebhaftes Flügelflattern spüren. Wenn ihr beginnt, die Wesen zu würdigen, die ihr seit eurer Geburt als eure besten Freunde um euch habt, verändert sich euer Leben. Glaubt es mir.
Und so ist es!

Nachtrag des Autors

Dieser Geschichte habe ich nur sehr wenig hinzuzufügen, was nicht offensichtlich ist. Manchmal erzählt Kryon verschlüsselte Parabeln, die man genauer analysieren muss, und manchmal flicht er in die Geschichten Auslegungen ein, die genau erklären, worin hier die Lehre besteht. Das hier war eine der Parabeln, die zeigen, worum es bei unserer gesamten Arbeit auf dem Planeten geht – doch die eigentliche Geschichte lässt sich auf einen viel knapperen Nenner bringen: »HAST DU HEUTE SCHON DEINE ENGEL UMARMT?«

15

David, der Indianer

Hinweis des Autors
Hier eine Geschichte von einem Indianer, der auf einer lieblichen Insel wohnt, wo er alles hat, was er zum Leben braucht, aber seine Neugier treibt ihn an, mehr über seine Umgebung herausfinden zu wollen und isoliert ihn von den anderen.

Es war einmal ein Indianer namens David. Er lebte auf einer Insel. Und falls jemand gern genauer wissen möchte, warum ein Indianer David hieß: Das werdet ihr später analysieren müssen (kosmisches Gelächter). Die Insel, auf der David lebte, war eine prächtige Insel, und sie bot Alles im Überfluss. David entstammte einem Adelsgeschlecht dieser Insel, denn sein Großvater war der Häuptling. Es ließ sich gut leben auf dieser Insel und die Tafel war immer gut gedeckt, denn es wuchsen viele essbare Pflanzen dort. Die Menschen aus Davids Dorf und sein Stamm lebten dort seit vielen, vielen Jahren.

Nun hatte die Insel eine merkwürdige Eigenschaft: Eine sehr, sehr dicke, ringförmige Nebelbank umschloss sie, und diese Nebelbank begann drei Meilen vor der Küste. Die ganze Insel war komplett von ihr umlagert, und da der Nebel nie bis zur Küste vordrang, waren die Tage auf der Insel im Allgemeinen sonnig und klar. Wie ein rätselhaftes Zeichen verharrte der Nebel jahraus, jahrein in der gleichen Entfernung vom Strand, und niemand konnte je sehen, was sich dahinter befand.

David wuchs mit diesem Nebel auf, und die Menschen im Dorf kannten ihn schon seit Generationen. Sie verstanden nicht, was es damit auf sich hatte, aber jedenfalls fürchteten sie ihn, denn es kam immer wieder vor, dass jemand aus dem Dorf sich aufmachte, um bis zur Nebelbank zu rudern, und nie zurückkam. David konnte sich erinnern, wie er als kleiner Junge mitbekam, dass einer der älteren Männer aus dem Stamm, als der Zeitpunkt seines Todes nahte, in sein Kanu stieg und in den Nebel ruderte. Es kursierten zahlreiche Geschichten darüber, was alles passieren konnte, wenn man sich in den Nebel begab, und meist erzählte man sie sich nachts beim flackernden Schein der Lagerfeuer.

Eines lernten die Menschen aus dem Dorf bereits als Kinder: Sollte sich jemand in den Nebel wagen, so müssten alle restlichen Einwohner sich in ihre Häuser und ihr Dorf zurückziehen, und sie dürften nicht zusehen! Man sieht, dieser böse Nebel flößte allen große Angst ein. Als Adeliger jedoch durfte David zusammen mit den Stammesältesten bei diesem seltenen Ereignis zusehen, zunächst als Kind, später als Heranwachsender. Doch der einzige Vorfall an den er sich wirklich erinnern konnte, war eben der, wie der alte Mann im Nebel verschwand. Er wusste noch, wie der Alte in dem Moment, als er die Nebelbank erreichte, sein Paddel ins Boot hob und wie das Kanu sachte in den Nebel hineinglitt, um wie erwartet nie wieder herauszukommen. Es war offenbar genau so, wie die Ältesten sagten: »Keiner, der sich in die Nebelbank vorwagt, kehrt je zurück.« Die Mitglieder des Häuptlingsgeschlechts warteten, nachdem der alte Mann im Nebel verschwunden war, noch viele Stunden lang. Unverwandt beobachteten sie die Nebelbank und warteten darauf, dass etwas von dem geschehen würde, was die

Überlieferungen für solche Fälle vorhersagten. Oft war nämlich nach einiger Zeit ein lautes, halb ersticktes Geräusch zu hören, ein furchterregender Laut, der ihnen das Blut in den Adern gerinnen ließ, ein brüllendes Tosen, für das keiner eine Erklärung hatte. David sollte für den Rest seines Lebens nicht mehr vergessen, wie es sich anhörte. Was mochte das sein? Womöglich ein Ungeheuer auf der anderen Seite der Nebelbank? Vielleicht das Geräusch eines gigantischen Strudels oder Wasserfalls, der allen nach dem Leben trachtete, die sich durch ihn hindurch wagten?

Nun mag man Davids Entscheidung merkwürdig finden für einen, der sich gerade erst im vierunddreißigsten Lebensjahr befand, aber wie dem auch sei: Er spürte, wie es ihn zu dem Nebel hinzog! Er hatte das Gefühl, dass ihm sein Leben noch mehr bieten musste, dass er etwas verpasste. Vielleicht war es eine Wahrheit, die jahrelang geschlummert hatte, und der Nebel war die Antwort? Es stimmte, niemand war je zurückgekehrt, aber das hieß ja nicht, dass alle verschwunden waren, dachte David bei sich. Und so nahm er all seinen Mut zusammen und machte sich auf den Weg. Er musste einfach herausfinden, was sich auf der anderen Seite der Nebelbank befand. Keiner der Ältesten, keiner der Menschen aus dem Dorf erfuhr, was er vorhatte. Langsam ließ er sich in sein Kanu gleiten und hielt eine Vorbereitungszeremonie für sein Vorhaben ab. Er dankte Gott für sein Leben und für die Offenbarung dessen, was ihm bevorstand. Er wusste, was aus ihm auch werden mochte, zumindest wäre ihm dann das Wissen sicher, und das war ihm Ansporn genug.

Also paddelte David leise und sachte auf die Nebelbank zu. Keine Menschenseele beobachtete ihn dabei, denn er hatte ja nicht angekündigt, was er tun wollte. Bald befand er sich kurz vor dem Rand der Nebelbank, sie rückte immer näher. Da bemerkte David etwas Merkwürdiges, etwas, das nie zuvor jemand beobachtet hatte, denn schließlich war ja noch keiner vorsätzlich nahe genug herangekommen, um es sehen zu können: Die Nebelbank zog ihn in sich hinein! Ein Hauch von Angst überkam ihn. David brauchte sein Paddel nicht mehr, also zog er es aus dem Wasser und legte es in das Boot. Das Kanu verschwand mit ihm an Bord im Nebel. Still und

ruhig war alles, während David sich in der Nebelbank befand und die Strömung ihn weiter vorantrug. Es wurde immer dunkler, und da überlegte David erst so recht, was er getan hatte: »Ich bin doch noch jung! Ach, ich habe die Ältesten hintergangen, denn schließlich bin ich doch königlicher Abstammung. Meine Entscheidung war eine große, große Dummheit!« Nun wurde David Angst und Bange. Die Furcht legte sich über ihn wie eine Totendecke und Dunkelheit kroch in sein Gehirn; er zitterte vor Kälte und innerlichem Aufruhr, während das Kanu ohne sein Zutun in rascher Fahrt dahinglitt.
Stundenlang befand sich David in der Nebelbank, und es schien, als würde sie nie ein Ende haben. Da saß er nun zusammengekauert in seinem Kanu und wusste, dass er einen Fehler gemacht hatte. »Was ist, wenn das immer so weitergeht?«, fragte er sich. »Was ist, wenn ich für alle Ewigkeit hier bleiben muss und in diesem Kanu verhungere?« Plötzlich hatte David eine angsterfüllte Vision, in der all diejenigen, die vor ihm hierhin gekommen waren, nun endlos in ihren Kanus im Kreis dahintrieben, immer um die Insel herum, Skelette im düsteren Nebel. Würde er den Alten von damals sehen? Würde es je wieder anders werden? »Ach, wo ist nur die Wahrheit, nach der ich gesucht habe?«, rief David laut in den Nebel.
Und da geschah es: David tauchte auf der anderen Seite wieder aus der Nebelbank auf! Ihm bot sich ein verblüffender Anblick: Vor ihm lag ein ganzer Kontinent! Er war deutlich zu erkennen, Dörfer und Menschen, soweit das Auge reichte! David sah den Rauch aus ihren Schornsteinen quellen, er hörte die Stimmen von Leuten, die an den Stränden spielten. Entlang der Nebelbank waren Wachposten stationiert, die ihn sofort erspähten. Als er den Nebel durchbrach, beobachteten sie ihn dabei. Sie stießen freudig in ihre Hörner, um den anderen am Ufer zu verkünden, dass es wieder einmal eine tapfere Gestalt geschafft hatte, den Nebel zu durchdringen. Dann hörte David von der Küste her einen enormen Aufruhr: Man feierte, man ehrte ihn mit donnerndem Beifall! Menschen umkreisten ihn mit Kanus und bewarfen ihn mit Blüten. Als er den Strand erreichte, traten welche auf ihn zu und hoben ihn auf ihre Schultern, um ihn im Triumphzug umherzutragen und zu feiern, dass er durch den

Nebel gekommen war. Für David, den Königlichen, begann an diesem Tag ein neues, reicheres Leben.

Nachtrag des Autors

»Aha«, sagen Sie nun vielleicht, »ich weiß, worum es bei dieser Parabel geht: um den Tod, oder?« Nein, Fehlanzeige. Diese Parabel dreht sich darum, in die neue Energie hineinzugelangen und den Aufstieg auf eine höhere Ebene zu vollziehen. Es geht auch darum, wie leicht man sich mit seinem eingeschränkten sozialen Umfeld zufrieden gibt und wegen des »Nebels«, der Unvertrautes umgibt, nie weiter hinauswagt. Es geht um das, was vor Ihnen liegt, wenn Sie den Weg beschreiten möchten. Denn vor Ihnen allen liegt eine Nebelbank, die manchmal in Ihrer Angst, manchmal in Ihrer nicht veränderungsbereiten Natur besteht. Für jede Person sind die einzelnen Arten von Nebel eine andere Herausforderung, und für jede sind sie eine Lektion, wenn auch unterschiedlichen Ausmaßes.

Was macht Ihnen am meisten Angst? Bei vielen von Ihnen ist es der mögliche Erfolg, und sich auf dem Weg zu befinden, auf den Sie sich eingelassen haben – Ihnen macht die Fülle Angst! Vielleicht ist es die Angst vor der Erleuchtung selbst. Vielleicht ist es die Angst vor Veränderung? Wir möchten Sie ermutigen, sich aufrecht dieser Angst zu stellen. Was es auch sein mag, das ihnen die größte Angst einflößt – das ist die Lektion, die Sie in Ihrem Leben zu lernen haben. Sie müssen mutig und sehenden Auges darauf zugehen in dem Wissen, dass es lediglich eine Fassade ist. Die Angst ist die Nebelbank in der Parabel, und auf der anderen Seite von dieser Nebelbank wird gefeiert. Doch auf dem Weg dorthin kommen Sie mitunter durch eine Zeit der Dunkelheit – ein Übergangsstadium, das Ihnen erlaubt, sich auf das Bevorstehende einzustellen. Ihre Umgebung wird Sie davor warnen und Ihnen sagen, das sei nichts für Sie. Aber da ist ein Teil von Ihnen, der die Wahrheit kennt, und so werden einige selbst prüfen, wie es sich mit ihr verhält.

Warum bringt Kryon eine solche Parabel? Um unsere Eigenverantwortung in diesem neuen Zeitalter deutlich zu machen. Nun ist die Zeit gekommen, zu Neuem befähigt zu werden; die Zeit der Verantwortung für die gesamte Energie des Planeten; die Zeit, den eigenen Weg zu erkennen.

Es ist an der Zeit, Ihren Gegnern in die Augen zu sehen und zu sagen: »Ich kenne dich! Ich weiß, wer du bist, und ich löse mich aus freien Stücken von deiner Energie.« An solchen Punkten werden Prüfungen bestanden und die Schwingungen des Planeten auf eine höhere Ebene gehoben! Es gibt für Sie keinen lieblicheren Flecken auf diesem Planeten als zu erkennen, wer Sie sind. Denn alles, was Ihnen Kummer bereitet, lässt sich nun ändern, durch ihre Absicht, es zu ändern.

16

Frühere Leben und heutige Ängste

Hinweis des Autors

Es folgen vier Geschichten über vier weit verbreitete Ängste. Sie sind anders als alle anderen Geschichten oder Parabeln in diesem Buch. Empfangen wurden sie, als Kryon an der Küste von Del Mar, Kalifornien, vor einem großen Publikum saß. In diesem Publikum befanden sich vier Personen, denen zu Ehren Kryon eine Situation aus einem ihrer früheren Leben beschrieb. Mitunter handelte sie sogar tatsächlich vom Tod dieser Person in einem früheren Leben. Er tat das, um uns an Beispielen zu zeigen, wie Energien aus früheren Leben zum Karma des jetzigen Lebens beitragen und unsere persönlichen Lektionen von heute prägen. Die Geschichten sind ernsthaft und drehen sich um reale Menschen, die an diesem Abend anwesend waren. Bevor die Geschichten kommen, schildert uns Kryon in einem kurzen Überblick, auf welche Weise wir unser Karma mit uns herumtragen und wozu Karma überhaupt gut ist. Durch all das spornt uns Kryon an, zu erkennen, welch einen unglaublichen Sieg wir erringen können, wenn wir den Überblick über die Lektionen unseres Lebens haben – denn das ist das Geheimnis, wie Sie diese Lektionen schnell durchlaufen und ein friedvolles Leben führen.

Einige von euch sitzen vor Kryon und sagen: »Sag uns doch etwas zu Angst und Vertrauen und zu Wut und Mut. Sag uns etwas zu Integrität. Lässt sich so etwas messen? Hat Derartiges eine bestimmte Energie?« Die Antwort heißt JA. Ihr erlebt sie täglich. Diese Eigenschaften sind ein Teil von euch, in unterschiedlichem Ausmaß, je nach der karmischen Blaupause, die ihr für euch entworfen habt, als ihr nicht hier wart.

Euer Karma ist die Lektion, die ihr in eurem Leben zu lernen habt. Auf welche Weise nehmt ihr es mit? Durch einen magnetischen Abdruck auf euren verborgenen DNS-Strängen. Reine Phantasie, sagt ihr? Die Phantasien von heute sind die Wissenschaft von morgen, und dann blättert ihr noch einmal in diesen Schriften und entdeckt verborgene Weisheit in ihnen.

Einige fragen: »Du meinst also, ein spiritueller Aspekt wird in einem biologischen Paket weitertransportiert?« Ja. Ich sage euch, dass euer Karma, ein spiritueller Aspekt, auch unmittelbar eure Biologie mit einbezieht. Angst erzeugt chemische Veränderungen – sie lässt euer Herz schneller schlagen und bewirkt, dass ihr feuchte Hände bekommt. Sie ruft Kopfschmerzen hervor und lässt euch in Ohnmacht fallen. Mit menschlichen Ängsten befasst sich eure Wissenschaft schon, solange es Menschen gibt. Der Grund für diese scheinbar unlogischen Gefühle sind die Anweisungen, die in früheren Leben festgelegt wurden. Eure DNS enthält viele Anweisungen, die den Charakter von Magneten haben. Wenn ihr imstande seid, diese grundlegenden Prägungen zu durchbrechen, wird diese Information hier euch weniger aus der Luft gegriffen und weitaus realer vorkommen. Die ganzen Informationen und ihre praktische Anwendung liegen buchstäblich vor eurer Tür!

Ihr habt euch, bevor ihr hierher kamt, entschieden, bestimmte Erfahrungen zu durchleben, aus denen sich heute eure Lektionen zusammensetzen. In eurem aktuellen Leben erhaltet ihr die Chance,

Erfahrungen zu durchleben, an denen ihr reift und durch die eure Lektionen sich erledigen. Das wird als Karma und die Auflösung von Karma bezeichnet. Es ist die vorab festgelegte Gesamtheit eurer Ängste und vieler Attribute, die euer Leben kennzeichnen.

Und so möchten wir euch etwas über vier eurer häufigsten Ängste sagen und wie ihr sie durchsteht. Ich trete hier in Liebe vor euch, um euch diese Informationen zu geben, und wir werden es auf eine einzigartige und interessante Art und Weise tun. Denn ich möchte die vier Ängste verdeutlichen, indem ich euch mit auf vier kleine Reisen nehme – exemplarische Reisen in frühere Leben von vier Menschen hier in diesem Raum. Wenn ihr mit den früheren Leben etwas anfangen könnt, fühlt euch geehrt, dass ihr ausgewählt worden seid, denn Gott ehrt euch immens für eure Dienste.

Es wird sich um die bedeutsamsten früheren Leben im Raum handeln. Macht euch bewusst, dass die hier gezeigten Ängste durch eine ganze Reihe von Umständen hervorgerufen werden können. Keiner davon muss so dramatisch und ernst sein wie diese. Diese speziellen Dinge jedoch zeigen euch, was für Menschen unter euch sind und was sie durchgemacht haben. Das ist der Grund dafür, dass Gott euch so sehr dafür ehrt, dass ihr ja gesagt habt dazu, hier zu sein, um die Schwingung dieses Planeten zu erhöhen!

Angst vor dem Verlassenwerden

Wir sprechen heute Abend über jemanden, der wirklich Angst hat, allein zurückzubleiben – komplett im Stich gelassen zu werden. Dabei gibt es nichts in deinem jetzigen Leben, das ein solches Gefühl verursacht haben könnte. Ich lade dich ein, etwas zu verstehen – etwas, das starke Emotionen in deinem Herzen heraufbeschwören wird, dir aber auch etwas klar macht.

Neun Jahre bist du alt, meine Liebe, und du bist weiblich, wie jetzt. Du wirst wach und stellst fest, dass du dich mit vierzehn anderen zusammen als Passagierin auf einem kleinen Boot befindest. Während das Boot auf den Wellen auf und ab schaukelt, atmest du tief die würzige Salzluft ein und spürst die Wärme der aufgehenden Sonne auf deinem Gesicht. Die stille Heiterkeit dieser Szene währt jedoch nicht lange, denn da wird auch schon dein Gehirn aktiv und versucht sich zu erinnern, was du dort eigentlich machst! Langsam kehrt die Erinnerung zurück, und dir wird das Herz schwer vor Kummer. Das letzte Bild, das du vor dir siehst, ist, wie deine Eltern dich unsanft packen und in wilder Hast auf das Deck hinaustragen, während ihnen lodernde Flammen auf den Fersen sind. Sie rennen fast bis zum Umfallen, als dein Vater dich fest an seine Brust drückt. Du kannst die Angst in seinem Atem förmlich riechen. Du erinnerst dich noch an das Schreien und Gebrüll – die Panikschreie um dich herum. Du weißt noch, wie du über Bord geworfen wirst, ohne dass dein Vater auch nur einen Moment an der Reling stehen bleibt. Nach einem langen, langen Fall landest du in der ruhigen See. Nachdem du dir das Salzwasser aus den Augen gerieben und dich an den Temperaturwechsel gewöhnt hast, gewinnt dein Schwimminstinkt die Oberhand, und du ruderst mit Armen und Beinen, bis du in ein kleines Boot gehievt wirst, in dem sich schon andere befinden.

Du schaust zu dem großen hölzernen Schiff zurück, das nun vollkommen von Flammen umzingelt ist, und siehst nirgendwo deine Eltern. Sie haben dir das Leben gerettet, aber es war zu spät, um ihr eigenes zu retten. Du siehst die anderen an, die bei dir in dem kleinen Boot sitzen, allesamt Erwachsene, und schreist ihnen zu, sie sollten doch etwas tun! Aber du siehst nur den Widerschein des flackernden Feuers in ihren Gesichtern und ihre weit aufgerissenen Augen, denn auch sie sind voller Schrecken und Entsetzen über das, was sie da sehen. Sie sehen tatenlos zu, wie das riesige Schiff im Meer versinkt, während die Rauchschwaden sich über den Sonnenuntergang legen und irgendwie die Schönheit des bereits rot-gelben Himmels noch verstärken. Ein lautes Zischen ertönt, während nun zynischerweise das Wasser die Flammen erstickt, die außer Kontrolle geraten waren. Dann ist da plötzlich gar nichts mehr. Ein Wirbel von Luftblasen kennzeichnet die Stelle, an der ein behagliches Leben voller Liebe, freudiger Erwartung, Verheißung und Umsorgtwerden an diesem Abend ein jähes Ende nahm.

Es ist vorbei. Du hast keine Tränen mehr. Es gibt einen Moment, ein

Aufblitzen, wo du als Neunjährige mit deinem Höheren Selbst intuitiv verstehst, dass das deinem Vertrag entspricht – es ist die Abmachung, die du mit deinen Eltern getroffen hast. Die Logik in der Chronologie und die spirituelle Angemessenheit entgeht dir jedoch, während du die unglaubliche Leere empfindest, die mit dem Verlassenwerden von den geliebten Menschen einhergeht. Das kleine Mädchen ist auf einen Schlag erwachsen geworden, und das Kind scheint gestorben. Einen Augenblick lang ist die Versuchung da, sich zu ihnen ins Wasser zu stürzen – in die lauen Fluten der Ostsee. Doch Selbstmord ist nicht nach Kinderart. Derartiges kommt erst später, mit dem verstärkten Einsatz des Verstandes, wenn das Erwachsenengehirn zu arbeiten beginnt.
So ist nun also die Gussform für dieses Gefühl fertig, und diese Szene wird dich Leben für Leben verfolgen, dramatisch, wie sie ist. Die Lektion in ihr will angesehen und erkannt werden. Und so kommt es, dass du im Kreis anderer dein Leben lebst, und niemand von ihnen wird dir je die Liebe schenken, die du von diesen besonderen Eltern bekommen hast. Du fühlst dich, als würdest du mit Fremden in einem Boot sitzen – für den Rest deines Lebens.
Du weißt, wer du bist, meine Liebe, in dieser Gruppe, denn das Kennzeichen des Karmas, mit dem du es noch immer zu tun hast, ist die Angst vor dem Verlassenwerden. In deinem jetzigen Leben keine logische Angst, denn du hast in ihm noch nichts dergleichen erfahren – aber du hast große Angst davor. In deiner Kindheit hatten deine Eltern im jetzigen Leben Probleme mit dir, weil du dazu neigtest, dich sehr an sie zu klammern, und dich nicht von ihnen lösen konntest. Selbst heute noch rufst du den Elternteil, der dir geblieben ist, deine Mutter, zweimal am Tag an, um dich zu vergewissern, dass bei ihr alles in Ordnung ist. Beziehungen kommen und gehen in deinem Leben, weil du einfach nicht das Vertrauen aufbringst, dass irgendein Partner an deiner Seite bleiben wird, und du wehrst dich gegen eine mögliche unangenehme Trennung – besser gleich allein bleiben als so etwas. Die Flammen des brennenden Schiffes sind in deine DNS eingebrannt wie verkohlte Stellen ins Holz, und so, wie du dein Leben lebst, begibst du dich in diese

Flammen hinein und aus ihnen heraus, als würdest du ein Netz um einen Giftstrang weben, den man nie berühren darf.
Meine Lieben, wir laden euch heute Abend ein, durch dieses Karma hindurch zu gelangen. Ihr müsst wissen, dass in diesem Raum hier, und selbst später unter denen, die diese Worte lesen werden, diejenigen sind, deren Leben von der Angst vor dem Verlassenwerden bestimmt wird. Euch bietet sich jetzt die Chance, das zu korrigieren, aber ihr nutzt sie nicht. Es würde bedeuten, einen Schritt zu unternehmen, der die Angst wieder aufrührt, den verbotenen Strang zu berühren, und ihr fühlt euch oft von etwas anderem bestimmt und wisst nicht, warum. So funktioniert Karma.
Wir möchten euch anspornen: Wenn solche Situationen auftauchen, begebt euch direkt hinein! Das Werkzeug, das ihr nun bei euch führt, ist die Liebe Gottes in der Neuen Energie. Diese Liebe ist überall um euch herum. Eure Führer und Engel stehen neben euch und halten euch an der Hand, ob ihr euch auf dem kargsten und leersten Flecken Erde befindet oder dem am dichtesten besiedelten. Spürt diese gesalbte Liebe um euch herum. Nehmt sie für euch in Anspruch! Überquert diese Brücke der Schmerzen, spürt, wie die Liebe sich in euch ergießt und wisst, dass das Verlassenwerden nicht mehr in eurem Programm vorgesehen ist. Spürt, wie der Magnetcode sich auflöst, während ihr euch von diesem Phantom frei macht, und wisst, dass eine Energie für euch sorgt, die euch nie, nie verlassen wird. Eure Bemühungen werden von Erfolg gekrönt sein, denn darin liegt die Lektion, und wenn ihr den Test besteht, wird das eure Schwingung und die des gesamten Planeten erhöhen!

Die Angst vor Auseinandersetzungen

Es ist außerdem jemand unter euch, der Angst hat vor jeglicher Form von Konfrontation. Folgendes wird erklären, warum. Du bist zweiunddreißig Jahre alt, mein Lieber – in dem Leben, das wir hier betrachten, bist du ein Mann. So wie du heute allerdings hier in dieser Gruppe sitzt, bist du eine Frau.
In diesem früheren Leben sitzt du mit flauem Gefühl in der Magengrube mit anderen in der Kälte der Nacht. Du wartest auf das

Kommando, aufzustehen und dich ins Gefechtsfeld zu begeben. Bei jeder Bewegung merkst du, wie unbequem deine Rüstung ist. Noch nie zuvor hast du eine getragen. Der Helm, der deinen Kopf einquetscht, fühlt sich wie ein Fremdkörper an und hat die falsche Größe. Der Schutzschild ist schwer, und das Schwert – nun, dir war zuvor gar nicht klar gewesen, wie unbeholfen man mit so einem Kampfschwert ist! Du wirst aufgefordert, dich zu erheben, aber du kannst es kaum bei all dem zusätzlichen Gewicht. Dich in diesen Kampf zu schicken, war ein allerletzter Versuch, dein Land zu retten. Die Barbaren sind darin eingefallen, die Eroberer, die sich dein Land einverleiben und dir alles wegnehmen, was du besitzt. Die kleine Armee deines Landes wurde vor Wochen besiegt. Nun werdet ihr – ein letzter verzweifelter Versuch der Regierung eures Landes – aufgefordert, euch diesem Feind in den Weg zu stellen und seinen Vormarsch auf euch und euer Land zu bremsen.
Drei Tage ist es erst her, dass die Gesandten der Regierung kamen und dich vom Feld weg einzogen. Du bist deinem ganzen Wesen nach ein Bauer und verstehst etwas von Tieren, Feldfrüchten und Pflanzen. Nun steht du neben den anderen in Kampfkleidung in einer Linie. Sie sind Bauern wie du, ihr alle habt bislang immer mit Schafen, Ziegen und Vieh zu tun gehabt. Und du wiegst das schwere Schwert in deiner Hand und merkst, dass du gar nicht damit umgehen kannst, und außerdem besitzt du nicht einmal ansatzweise die Kunstfertigkeit des Kriegers, dem du gleich gegenüberstehen wirst. Du hast Angst! »LAUF ZURÜCK!« schreien dein Körper und dein Hirn dir zu, aber du hast die Ehre, stumm deine Liebe zu dieser Erde und deinem Land zu beweisen – also sitzt du da und wartest.
Der Zeitpunkt ist gekommen. Die Sonne geht auf, und über die taunassen Felder trägt der Wind Geräusche des anrückenden Feindes. Du lugst über den Schützengraben und siehst, wie die Linien auf euch zukommen, eine klirrende und rumpelnde Kriegsmaschinerie. Die Kampfglocke wird geläutet und zeigt damit an, dass du dich erheben und vorwärts musst. Dein Blick streift den Mann neben dir. Ihr seid seit Jahren Nachbarn – er zog immer wunderbare Feldfrüchte; viele Male hast du sie bei feierlichen Anlässen mit seiner reizenden

Familie gekostet. Du siehst die Angst und den Kummer in seinen Augen. Er weicht deinem Blick aus, damit du seine Tränen nicht siehst. Beide gleichzeitig wuchtet ihr eure schweren Waffen und die Last eurer Rüstung empor, als ihr aufsteht und mit eurem Vorstoß auf die feindlichen Krieger beginnt. Dir kommt nicht der Gedanke, zu fliehen, nicht der Gedanke, nein zu sagen, wenn dein Land dich ruft. Der Feind wird ohnehin deinen Hof zerstören, also kannst du auch genauso gut im Kampf gegen ihn sterben.
Ach, der Geruch der Angst liegt in der Luft, mein Lieber, während du dich auf diese lärmende Linie zu bewegst, und du weißt, dass der Tod unmittelbar bevorsteht. Es gibt kein Zurück. Du meidest den Blick der anderen neben dir – Nachbarn, die du gut gekannt und gemocht hast, deren Kinder du beim Namen kanntest –, denn du weißt, dass du sonst ihre Angst sehen wirst, und du möchtest ihnen ihre Würde lassen in diesen letzten Augenblicken ihres Lebens.
Während du dich dem Feind näherst, stoßen die Krieger schneller vor. Sie brennen darauf, euch in Empfang zu nehmen. Irgendwie wissen sie, dass ihnen der Sieg sicher ist. Nicht lange, und sie sind da! Du siehst das Gesicht des Kriegers, der mir dir kämpfen wird. Er mustert dich und schätzt dich sofort ein. Aha, ein Bauer bist du also. Er grinst und zeigt dabei eine Zahnlücke. Alles scheint sich in Zeitlupe abzuspulen. Du fragst dich noch, ob er wohl jemals einer Kuh beim Kalben geholfen hat oder eine Herde gehütet oder Felder bestellt. Hatte er eine Familie, oder hatte er vielleicht schon einmal ein krankes Tier wieder gesund gepflegt?
Er schwingt seine Axt hoch über seinen Kopf, und instinktiv hebst du deinen Schild, um den Schlag abzuwehren. Mit seiner anderen Hand sticht er eine Klinge tief in dein Fleisch, unterhalb deines Schildes. Mit diesem simplen Täuschungsmanöver hat er dich hereingelegt. Ein stechender Schmerz im Gedärm; du spürst, wie dir sofort die Beine wegsacken. Das Manöver war schnell und wirksam. Dein Gegner stößt dich mit seinem Schild um und stößt einen Triumphschrei aus. Sein Speichel triff dein Gesicht, als er in einer Sprache zu sprechen beginnt, die du nicht verstehst. Dann wendet er sich seinem nächsten Opfer zu.

Du riechst den vertrauten Schlamm, während du auf dem Acker liegst und lauschst, wie der Trupp sich zurückzieht, auf deinen Hof zu. Deine Familie konnte sich zuvor noch in Sicherheit bringen, und alle deine Tiere wurden freigelassen. Irgendwie verspürst du Frieden. Es ist vorbei. Du hast getan, was du konntest. Alles weitere bleibt nun den anderen überlassen. »Lebwohl, meine Lieben!«, hörst du dich heiser rufen, mit einer Stimme, die nicht zu dir zu gehören scheint. »Ich werde euch alle sehen, wenn Gott die Zeit dafür gekommen sieht.« Es ist vorbei, und du weißt intuitiv, dass du auf dem Weg nach Hause bist. Du fühlst die Wärme deines Lebenssafts, der aus dir hinausrinnt und den Boden tränkt, den du liebst und oft bestellt hast. Die Schmerzen dauern nur kurz, dann herrscht Dunkelheit.

Meine Lieben hier im Raum, lasst euch gesagt sein – genau deshalb liebt Gott euch ja so sehr! Denn aus Ereignissen wie diesen bestehen eure Lektionen, und das sind die Lektionen, durch die sich Schwingungen des Planeten erhöhen! Ist es da ein Wunder, dass wir ehrfürchtig zu euren Füßen sitzen, weil ihr Ja gesagt habt dazu, solche Arbeit zu übernehmen?

Diese schmerzhafte Erinnerung an eine große Vergangenheit spricht heute, viele Leben später, aus deiner Angst vor Konfrontation. Sie spricht auch aus deinem Zögern, auf welche Weise auch immer mit deiner Regierung zusammenzuarbeiten, denn letztes Mal war das dein Tod! Bitte erkenne, dass man nicht unbedingt einen Kampf mit einem zahnlosen Titanen durchzustehen braucht, um Angst vor Konfrontationen zu haben. Aber auch hier haben wir heute Abend wieder den dramatischsten Fall als Beispiel angeführt, so dass ihr alle würdigen könnt, wer da neben euch sitzt.

Wir möchten diejenigen, die diese karmisch bedingte Angst vor Konfrontation haben, ermutigen, die Rüstung Gottes anzuziehen! Das nächste Mal, wenn es in irgendeiner Form zur Konfrontation kommt, einer Konfrontation, die Angst in eurem Körper hervorruft – euer Herz rasen lässt oder eure Körperchemie durcheinander bringt –, stellt euch ihr! Fühlt euch vom Mantel Gottes umfangen. Diese neue Rüstung, die vom göttlichen Geist durchdrungen ist, unterscheidet sich sehr von den früheren, denn in diesem neuen

Zeitalter haben sich die Regeln geändert. Dies ist das Zeitalter, in dem ihr mit Gott beim Prozess des Erschaffens zusammenwirkt – eine Zeit, in der ihr die absolute Macht habt, solange eure Absichten rein sind. Ihr habt den Mantel der Liebe und das Schwert der Wahrheit. Nichts kann diesen beiden standhalten!
In der neuen Energie wird euer Gegenüber, wenn ihr euch einer Konfrontation stellt, die karmische Veränderung in euch hundertprozentig wahrnehmen, und auch dieser Andere wird sich ändern. Achtet einmal darauf. Beobachtet seine Reaktionen. Sie werden nicht bleiben, wie sie einmal waren, wenn ihr eure spirituelle Rüstung anlegt und euer Schwert der Wahrheit zückt. Denn ihr werdet mit Liebe kontern, statt mit bloßer Konfrontation. Das wird für einen Ausgang sorgen, bei dem der Krieger unverletzt bleibt denn es wird euer Gegenüber verändern, und es wird auch euch verändern!
Welche Auseinandersetzung auch auf euch zukommt, begebt euch mit Zuversicht und Liebe hinein. Eure Auseinandersetzung ist heute kein Kampf mehr, bei dem es immer Verlierer und Gewinner gibt, sondern mündet in Lösungen für beide. Der Mantel Gottes umfasst die Rüstung der Weisheit, den Schild des Wissens und das Schwert der Wahrheit. Begebt euch deshalb friedvoll, ruhig und selbstsicher in die Konfrontation. Wenn ihr das tut, wird das karmische Band gekappt, und ihr habt nie wieder Angst vor Auseinandersetzungen.

Die Angst vor der eigenen Unwürdigkeit

Fast alle von euch haben irgendwann ein Leben geführt, zu dem die folgende Beschreibung passt. Begleitet mich für einen Moment in dieses Leben hinein. Wenn ich euch bitten würde, auf eure Füße hinunter zu sehen, so würdet ihr im Dämmerlicht des Korridors erkennen, dass ihr Sandalen tragt – selbstgefertigte Sandalen. Einige von euch können ihre Füße nicht einmal sehen, so sehr schlagen sie sich immer den Wanst voll mit dem Brot, das in der Klosterbäckerei gebacken wird! Gerüchteweise wurde das Fasten von den Hohenpriestern ganz einfach deshalb eingeführt, weil die Mönche sonst geplatzt wären. Ihr könnt selbst beurteilen, ob das stimmt.

Ihr alle habt Leben im Dienst Gottes hinter euch. Wir erkennen das daran, dass alle, die ich hier in dieser Gruppe vor mir habe, etwas verbindet – es sind Menschen, die Erleuchtung und höheres Wissen anstreben, mit Ernst rund eine Stunde lang da sitzen, um sich meine spirituellen Geschichten anhören. Es zeigt, wer ihr seid und welches Leben ihr führt.

Aber ihr müsst wissen, dass es mit früheren Leben dieser Art etwas sehr Interessantes auf sich hat. Denn als ihr im Dienst Gottes standet, war etwas auf den Kopf gestellt, was eure Ausrichtung anging! Ihr habt euch nämlich in eurem Dienst für Gott erniedrigt – einige von euch in mehr als einem Leben. Ihr habt gekuscht und seid wie Schafe eurer Doktrin gefolgt, da ihr dachtet, das sei euer Daseinszweck und das sei notwendig und weil man euch sagte, Gott hätte es so befohlen.

Nichts könnte weiter von der Wahrheit entfernt sein! Ihr Lieben, ihr kommt als erleuchtete Wesen in dieses Leben, mit vielen Abzeichen, die zeigen, wie großartig ihr seid, wie wichtig ihr seid im Entwurf der Dinge. Wir haben euch dies bereits gesagt. Deshalb also waschen wir eure Füße! Es dient eurer Großartigkeit wenig, wenn ihr euch Leben für Leben, als ewig duckende Schreiber vor einer Gottheit, in schwach beleuchteten Gängen verbergt.

Warum ist es dazu gekommen? Wie konnte es passieren, dass aus der großartigen Nachricht von euer Ankunft als hoch geehrte Menschenwesen, Ebenbilder Gottes, die dabei sind, ihre karmischen Lektionen zu lernen, ein solches Szenarium entstand? Lasst mich kurz andeuten, wie das geschehen konnte, dass diese wunderbare Botschaft des großen Meisters der Liebe im neuen Zeitalter, die Menschen Ehre und große Kräfte zuspricht, so verdreht werden konnte. Überlegt einmal Folgendes: Jahrhunderte lang saßen eure spirituellen Führer gleichzeitig in der Regierung. Sie saßen in den Machtpositionen und erließen politische wie auch spirituelle Gesetze. Und was tun Menschen, um für Kontrolle zu sorgen? Ich überlasse euch selbst die Beantwortung dieser Frage, denn das wird euch zeigen, warum Herrscher nie Priester sein sollten.

Diese auf den Kopf gestellte Form der Gottesverehrung gibt es in

eurer Zeit noch immer, obwohl die Religion nicht mehr mit eurem politischen Führertum verknüpft ist. Hört euch an, was eure religiösen Führer euch heute sagen. Klingt es wirklich nach der wahren Botschaft, die dem Menschen seine eigene Kraft aufzeigt, wie es dem Meister der Liebe vorschwebte? Religiöse Führer von heute sagen euch noch immer, dass ihr ein Nichts seid, in eine Welt hineingeboren, in der ihr von vornherein verloren habt – eine Welt, in der ihr irgendwie bereits etwas Schreckliches verbrochen habt, für das ihr euch schämen sollt. Sie sagen, ihr müsstet euer Vertrauen und euren Glauben (sowie eure finanziellen Mittel) einer bestimmten Doktrin widmen – dann würde aus euch etwas werden. Diese Botschaft, ihr Lieben, passt nicht zur Herrlichkeit eurer Natur! Sie ist NICHT zutreffend, denn in Wirklichkeit seid ihr bei eurer Ankunft auf dem Planeten etwas ganz Besonderes!
Welches Karma entsteht also durch viele Leben des Dienstes in Klöstern? Es entsteht Angst und Beklommenheit gegenüber Autoritätsfiguren. Es schafft ein Gefühl der Unwürdigkeit, ein Gefühl, das dir sagt, du seist nicht in der Lage, irgendetwas zu tun, das gut ist. Du meinst, dass nur die spirituell höher Stehenden etwas ausrichten können. Wenn ihr Leben für Leben gesagt bekommt, dass ihr nichts seid, dass ihr Schafe seid, haltet ihr unentwegt nach dem Schäfer Ausschau und habt nie das Gefühl, dass ihr selbst würdig seid, die Rolle des Schäfers zu spielen. Die religiösen Führer von heute sagen euch, wer der Schäfer ist, und die meisten von ihnen sind sich hierüber nicht einmal einig. Dennoch haben sie euch unter der Fuchtel. Sie sagen euch, was ihr tun sollt. Das ist falsch! Es ist eine grundlegende Angst, die von all den Zeiten herrührt, in denen man missverstand, wer Menschen sind! Der Meister selbst hat euch gesagt, dass ihr Schäferlehrlinge und gleich geschaffen seid. Lest es noch einmal nach!
Dieses Karma hält euch von eurer eigenen Großartigkeit fern. Es hält euch davon ab, Chancen zu ergreifen, da ihr das Gefühl habt, ihr seid des Erfolgs nicht würdig! Ihr habt oft den Gedanken, dass ihr bestimmte Dinge nicht tun könntet und dass ihr nicht von Fülle umgeben sein könnt, während ihr auf diesem Planeten wandelt.

Beansprucht eure eigene Macht zurück! Gott ist in diesem neuen Zeitalter euer Partner, und euer Augenmerk sollte darauf gerichtet sein, zu kommunizieren und euer Unterscheidungsvermögen walten zu lassen – nicht, euch mit dem Gesicht nach unten auf den Boden fallen zu lassen und Andacht zu üben, ohne dabei die eigene Arbeit zu leisten. Unsere Ermahnung will, dass ihr den Spiegel des göttlichen Geistes hervorzieht und in ihn hineinblickt. Seht, wer ihr seid. Seht die brillanten Abzeichen, die euch zieren. Seht die Ehrungen, mit denen man euch auszeichnet. Freut euch an ihnen! Ihr seid in der Tat würdig, und die Liebe und Anweisungen Gottes werden dies unterstützen! Gott möchte nicht euer Befehlshaber sein!

Die Angst vor Erleuchtung und Selbstverpflichtung

Wir schreiben eine Zeit vor mehr als viertausend Jahren. Du, meine Liebe, bist eine Frau und befindest dich in einem prächtigen Prozessionszug. Die Parade hat am Palast begonnen, und nachdem sie mehrere Stunden lang durch verwinkelte, enge Gassen geführt hat, bist du schließlich am Ziel angelangt. Man wirft Blüten über dich, und alles jubelt dir zu und preist dich. Du trägst ein fließendes langes, weißes Gewand mit eleganten Schmuckbordüren aus Gold, das aus den Bergwerken Hunderte von Meilen entfernt stammt. Neben dir gehen noch weitere Frauen, die ähnlich prachtvoll aussehen.

Trotz der Verehrung der Menge lächelst du nicht. Es gibt ein festgelegtes Protokoll und bestimmte Regeln für die Zeremonie, die es einzuhalten gilt. Die Prozession bewegt sich langsam voran – im Takt mit dem Schlag der vielen Trommeln. Das Trommeln stammt von Musikern, die sich hinter dir befinden. Man trägt ein sperriges, große Objekt direkt vor dir her, das die Spitze der Prozession bildet. Es ist schwer, und man braucht mehrere Diener, um es zu tragen. Der Wüstenwind verschlägt einem den Atem, und wie normalerweise immer zu dieser Tageszeit weht ein heißer Wind. Dich kümmert die Energie nicht, die du ausstrahlst, denn morgen wird sie keine Rolle mehr spielen. Du schreitest weiter voran, müde, aber aufmerksam. Du fühlst dich geehrt, denn du bist eine spirituelle Führerin unter

den Frauen. Du und deine Dienerinnen, die neben dir her gehen, ihr steht kurz davor, die höchste Ehre und Auszeichnung zu erfahren. Langsam bahnt sich das Spektakel in Schlangenlinien seinen Weg bis zu dem hierfür vorgesehenen Bereich, wo die Prozession innehält. Die Trommeln dröhnen weiter. Trommelnd erklimmen die Musiker die Stufen zu einer erhöhten Stelle. Schließlich vollziehen sie eine Kehrtwende, so dass sie dir von ihrer erhöhten Position aus zugewandt sind. Die Trommelschläge verstummen. Nur noch der Wind ist zu spüren und zu hören. Es ist sehr heiß. Die Vorbereitungen haben Tage gedauert. Bäder und Öle und die geschickten Hände der Dienerinnen des Königs haben aus dir ein Kunstwerk gemacht. Noch nie hat dein Gesicht so ausgesehen. Es ist strahlend, farbenprächtig. Dein Haar ist reich geschmückt; Gold und kostbare Edelsteine schmücken deinen Nacken und deine Arme. Nach den vielen langen Stunden, die du zu Fuß vom Palast unterwegs bist, beginnt die Schwere von all dem auf dir zu lasten, doch dein Stolz lässt nicht zu, dass irgendwer davon erfährt.
So stehst du nun am Eingang zum Grab des Pharaos. Du bist bereit. Du weißt, was als Nächstes kommt. Schweigen senkt sich herab, während die Musiker mit dem Lied beginnen, das den spirituellen Aufstieg begleitet. Ein schwerfälliger Rhythmus zeigt dir an, jetzt ganz langsam zu gehen. Du folgst mit den anderen dem Sarkophag die lange Rampe hinunter, die in den Bauch der zuvor festlich geschmückten Pyramide führen wird. Die Schritte habt ihr zuvor eigens geübt. Wieder werden Blüten gestreut. Überall brennt Räucherwerk. Langsam schreitet ihr die Rampe hinunter zum tiefer gelegenen Eingang. Während euer kleiner Trupp diese abschüssige Strecke hinuntermarschiert, spenden euch die Seitenwände zum ersten Mal seit vielen Stunden Schatten.
Nun seid ihr im Innern der Pyramide. Es ist regelrecht kühl dort! Alles ist etwas klamm und feucht, und langsam verliert sich das Lärmen der Menge draußen. Beim Gang durch den Tunnel geht ihr einzeln hintereinander – auch das vielfach geübt. Jetzt erhellen Fackeln den Weg, und das letzte Geräusch aus der Außenwelt sind die gedämpften, langsamen Schläge der Trommeln. Ehrerbietung

umgibt dich, und die Priester führen dich in den letzten Raum, wo du dich in den zeremoniellen Kreis des ewigen Lebens begibst – und wartest. Noch nie zuvor bist du in der Pyramide selbst gewesen. Man hat es dir nie erlaubt. Ihr habt immer im Palast in einem Raum geübt, der fast identisch war mit einem anderen Zeremonienkreis – jetzt weißt du, warum.

Der vergoldete Sarkophag wird in die große Steinkammer gesetzt und sein Deckel herabgesenkt. Die Mechaniker des Pharaos entfernen die Seile und Hebelstützen vom Steindeckel des Sarkophags. Dann verschwinden sie schleunigst auf dem Weg, auf dem ihr gekommen seid. Fast rennen sie, so eilig haben sie es, von hier wegzukommen. Der Priester gibt das Signal, und du begibst dich zu deinem Platz im Alkoven mit dem steinernen Sitz. Auf ein weiteres Signal lässt du dich nieder. Es ist ein gutes Gefühl, endlich sitzen zu können, aber dennoch tritt kein Lächeln auf deine Lippen. Die Priester nehmen ebenfalls Platz und schweigen.

Alles ist still, und dann hörst du es – ein Geräusch, das nur ganz wenige je von deiner Warte aus gehört haben. Außerdem ist nie jemand am Leben geblieben, um hinterher darüber erzählen zu können. Du weißt, das sind die letzten Geräusche, die du in deinem Menschenleben hören wirst. Das Leben danach erwartet dich, und nicht allzu weit von dir entfernt befinden sich die Boote, die schon fertig hergerichtet sind. Seit Jahren hat man dich vorbereitet auf diesen Augenblick, und dennoch regt sich jetzt etwas in dir: ANGST! Ob die anderen das spüren? Du wirst nun sterben! Das ist kein Traum!

Das Geräusch ist noch lange zu hören. Das Rumpeln von steinernen Deckeln, die herabgelassen werden, von Steinplatten, die vor Türöffnungen geschoben werden, von Steinen, die man einen nach dem anderen herablässt, mit einer Hydraulik, die nur in eine Richtung funktioniert. Ist erst einmal der Sand aus den Röhren, sind die Steine unten – es gibt keine Möglichkeit, sie wieder zu heben. Kein Dieb wird je in die steinerne Gruft gelangen. Außen beginnen die Pyramidenbauer des Pharaos jetzt mit ihrer nächsten Aufgabe: Jede Spur der Tunnel zu verwischen und neue zu bauen, um jeden in die

Irre zu leiten, der kommen mag, um die kostbare Grabkammer eures Königs zu berauben. Du weißt: Lange bevor die Arbeiter mit dem Versiegeln des Grabes fertig sein werden, bist du tot.
Allmählich erlöschen die Fackeln, und dir wird mit einem Mal klar, dass es bald pechschwarz sein wird um dich. Das ist das letzte Licht, das deine Augen je erblicken werden! Die Luft wird zunehmend weniger. Unter Klaustrophobie hast du zwar nie gelitten, aber das hier ist anders. Schließlich ist das dein Sarg! Du sitzt zwar immer noch, doch mittlerweile zitternd. Um dich herum hörst du leises Wimmern und Schluchzen, und erst da wird dir klar, dass du in deinem Grauen und deiner Angst nicht allein bist. Es war ja schön und gut, zum spirituellen Gefolge des Pharaos zu gehören, aber so recht hast du nicht erwartet, dass dieser Tag je kommen würde. Du dachtest, er würde viel älter werden. Wer hätte gedacht, dass sein Tod so bald kommen würde! Du wusstest, dass diejenigen in seinem unmittelbaren Umfeld, also auch du, ihn ins Grab begleiten würden, aber es war alles wie reine Phantasie – etwas, das immer der Zukunft angehörte. Du hast dich der spirituellen Suche verschrieben und jahrelang eine führende Rolle am Hof des Pharaos innegehabt. Nun befindest du dich in einem fast völlig dunklen Raum, in den nie wieder frische Luft gelangen wird und in dem du nie wieder die Sonne sehen wirst. Du kämpfst gegen die Panik an. DU KOMMST NICHT HERAUS! DAS ATMEN FÄLLT DIR SCHWER! ES IST DUNKEL!
Als wüsste er, was du denkst, erhebt sich ein Priester. Du kannst im schwindenden Licht kaum sehen, was er tut. Er kniet nieder, nimmt Blätter aus seinem Beutel und zerdrückt sie auf dem Steinboden. Das Licht ist mittlerweile fast erloschen. Er nimmt die übrig gebliebene glimmende Fackel und zündet die Blätter an. Du siehst noch mehr Licht, als die Blätter, zu einem kleinen Haufen zusammengeschoben, Feuer fangen. Du schaffst es, einen kurzen Blick auf die anderen in ihren Alkoven zu werfen – einige haben vor Entsetzen die Augen weit aufgerissen. Du riechst etwas Süßliches und weißt sofort, was es ist. Wie human, denkst du. Niemand hat uns davon erzählt. Danke, lieber heiliger Mann, sagst du in Gedanken zu dem Priester, während

ein Gefühl in dir aufsteigt, all dem langsam zu entrinnen Du atmest tief den Rauch der Blätter ein und spürst, wie dein Kopf ganz leicht wird. Noch ein paar tiefe Atemzüge, und du verlierst das Bewusstsein. Nun ist da keine Angst mehr. Die Droge hat dich in Schlaf versinken lassen, so dass du vom Leben zum Tod übergehen kannst, ohne dass es dir etwas macht. Irgendwann liegt dann ein Lächeln auf deinem Gesicht. Lächelnd werden dich auch die Diebe vorfinden, wenn es ihnen schließlich gelingt, einen Durchgang durch das Gestein zu hauen, um die Schätze von deinen Armen und deinem Nacken zu stehlen – die Geschmeide, die dein König für dich ausgewählt hatte, damit sie ihn in die Ewigkeit begleiten würden.

Meine Lieben, ihr seid gerade Zeugen geworden, wie die gesamte nächste Dienerschaft um einen großen Pharao den Tod fand, denn so lief es damals. Wenn der Pharao starb, begleiteten ihn seine spirituellen Diener ins Grab, so dass er im Leben nach dem Tod Hilfe haben würde. Hier ist jemand in dieser Gruppe, der große Angst davor hat, sich zu etwas zu verpflichten sowie erleuchtet zu werden. Du wirst buchstäblich eher davon laufen, als noch einmal den Entschluss zu fassen, dich auf die Suche nach Gott zu begeben. Auch jetzt ist dir unwohl zumute, und du hast noch vage in Erinnerung, dass ein spirituelles Ziel zu verfolgen, den Tod bedeutet! »Lass das nie wieder vorkommen!«, schreit dein Innerstes. Dein Karma steht fest. Spirituelle Selbstverpflichtung kommt dem Tod gleich!

Es ist Zeit, dass du hieran etwas änderst. Die Liebe Gottes, das gilt auch hier wieder, wird deine Angst in Schach halten. Es ist Zeit, dass du dich, bildlich gesprochen, noch einmal in die Grabstätte begibst, denn dieses Mal wird sie nicht verschlossen werden. Dieses Mal überstehst du sie, um auf der Erde weiterzuleben. Gott bittet dich, doch einmal in Betracht zu ziehen, ob du dich nicht auf vollkommene Erleuchtung genau in diesem Moment ausrichten kannst. Geselle dich zum unmittelbaren Umfeld des Königs der Könige, aber lebe dieses Mal ein grandioses eigenes Leben, während du dich auf diesem Planeten aufhältst. Kein grauenvoller vorzeitiger Tod erwartet dich dafür, dass du dies beschließt, und es wird dein Karma

durchbrechen! Höre auf die Stimme der Liebe, wenn sie jetzt zu dir spricht, und wisse, dass diese Gefühle nie wieder über dich hereinzubrechen brauchen. Fürchte den spirituellen Weg nie wieder, denn im Phantom deiner karmisch bedingten Angst verbirgt sich die Energie deines Zuhauses!
Und so ist es!

Nachtrag des Autors

Die Geschichten, die Kryon an diesem Abend erzählte, zeigten auf die Anwesenden besonders große Wirkung. Als er damit fertig war, lag eine tiefe Stille über dem Raum. Die Gesichter der Zuhörerinnen und Zuhörer zeigten, dass einige von ihnen mit den geschilderten Szenen viel anfangen konnten, obwohl sie nicht die Personen waren, auf die sich Kryon ausdrücklich bezog. So viele von uns haben in früheren Leben ähnliche Situationen durchlebt, dass Geschichten wie diese oft wieder Gefühle wachrufen, an die wir uns nur noch schwach und entfernt erinnern. Einen Moment lang reagiert der Teil von uns, der Gott ist und alles weiß, auf die Wahrheit, wer wir wirklich sind und was wir hinter uns haben. Einige von uns inkarnieren sich in Gruppen, von daher sind vielleicht viele von denen, die an diesem Abend im Publikum saßen, auch tatsächlich dabei gewesen und haben auf andere Weise die gleichen Ereignisse erlebt. Um Kryon zu zitieren: »Ist es bei all dem denn wirklich ein Wunder, dass Gott euch so liebt?«

17

John, der Heiler

Hinweis des Autors

Hier eine Geschichte, mit der bestimmt viele von Ihnen etwas anfangen können, denn es ist davon auszugehen, dass Menschen, die sich für dieses Buch interessieren, oft selbst Gruppen leiten oder selbst im Heilbereich tätig sind. Diese Erzählung verdeutlicht vieles von dem, was Heiler derzeit erleben. Gleichzeitig vermittelt sie uns die »goldene Regel« der Heilkunst. Wissen Sie, wie sie lautet?

John der Heiler, war ein spiritueller Mann. Er hatte eine wunderbare Praxis und verstand sich sehr gut auf sein Fachgebiet. Viele kamen zu ihm und wurden geheilt, aber es gab dennoch immer ein paar, bei denen das nicht funktionierte. John war dabei zunehmend unwohl, denn man muss verstehen, dass die neue Energie auch zu ihm hindurchdrang, und er wusste, dass das neue Zeitalter gekommen war. Sein Unbehagen hatte verschiedene Gründe. Der wesentliche war jedoch der, dass seine Heilungen nicht mehr so erfolgreich waren wie früher einmal. Mit anderen Worten, er war im Unfrieden mit alldem. Auf seinem Behandlungstisch gelangen immer weniger Heilungen, so dass sich John fragte, ob es ihm überhaupt bestimmt war, ein Heiler zu sein! John meditierte oft, denn seine Meditationen hatten große Kraft. Sie boten ihm Führung in seinem Leben, und er verstand sich auf die Gebetskommunikation mit Gott und lauschte intensiv auf Gottes Antworten. Das hatte bislang immer funktioniert, und er wusste, dass es auch jetzt wieder funktionieren würde. Wir lassen euch jetzt einmal teilhaben an der Unterhaltung zwischen John, seinen Führungsengeln und seinem Höheren Selbst. Dabei wird euch so manches Licht aufgehen, und es ist auch wichtig für die Geschichte.

Sobald sich John hinsetzte, sagten seine Führungsengel: »Hallo John! Wie geht es dir?« (Sie gingen – wie alle Führungsengel – sehr vertraulich mit ihm um und waren sehr freundlich.) John ignorierte das Treiben um sich herum und begann mit seiner Atemzeremonie (dabei hörte er sie nicht). Ein paar Augenblicke später war John mit seiner Zeremonie fertig. Jetzt war er vorbereitet. Sein Kopf und seine Füße hatten die richtige Position eingenommen. Er saß nach Norden gewandt. Seine Handflächen zeigten nach oben.

»O Herr…«, setzte John an.

»Hallo John, wir lieben dich!«, unterbrachen ihn seine Führungsengel.

»Ich brauche Hilfe«, sagte John. »Nichts wirkt.« Und dann nannte er die Namen der Menschen, die zu ihm in die Praxis gekommen waren, um geheilt zu werden, einzeln beim Namen. »Was ist mit dem-und-dem?«, fragte er. »Ich behandle schon so lange seinen Rücken, aber es tut sich einfach nichts! Ich bete um Hilfe für ihn«, bat er flehentlich. »Mache ihn gesund. Mach, dass das-und-das geschieht ... gib mir das-und-das ... gehe so-und-so vor.« Er wusste kaum, worum er alles bitten sollte, denn es war so vieles.

Und seine Führungsengel antworteten: »O John, WIR LIEBEN DICH SO SEHR! Alle Macht, die du brauchst, ist dir bereits gegeben, und wir halten uns bereit, dir zu helfen.« Dann überfluteten sie ihn mit einer so unglaublichen Liebe, dass er einfach wusste, er befand sich in der Gegenwart Gottes.

John spürte, dass er nun Antworten erhalten hatte, und er glaubte, dass sich danach etwas ändern würde. Doch als der Mann mit den

Rückenbeschwerden ihn das nächste Mal aufsuchte, merkte er, dass es nur noch schlimmer geworden war. John tat, was er konnte, aber er konnte ihn nicht heilen. Wieder versenkte er sich in Meditation, mit den gleichen Ergebnissen. Er setzte sich für lange Zeit hin, bis er das Gefühl hatte, die richtige Position gefunden zu haben, und dass Gott wieder zur Stelle war. John spürte die Liebe seiner Führungsengel und seines Höheren Selbst. Sie sagten: »O John, wir lieben dich wirklich. Du hast solche Kräfte.«

Und John wandte sich bettelnd an Gott: »Bitte zeige du mir doch, was ich in meinem Behandlungsraum tun soll.« So vergingen für John die Tage.

Nun hatte John auch noch eine Schwester. Um dem Ganzen die Krone aufzusetzen, machte auch seiner Schwester ihr schlechter Gesundheitszustand zu schaffen, und er schien nicht imstande, etwas dagegen zu tun. Also saß er bei ihr, betete und schickte ihr Energie. Er wandte alle Kunstgriffe an, probierte Sachen, die seines Wissens normalerweise funktionierten, aber seiner Schwester ging es nicht besser. Es schien sie sehr zu belasten.

Nachdem eine längere Zeit vergangen war, wurde es John zu viel. Wütend stürmte er in seine Meditationsecke, setzte sich und rief aus: »Mir reicht's! Wo seid ihr?«

»Hallo John, wie geht es dir?«, antworteten seine Engel prompt. John erschrak so sehr, dass er fast von seinem Meditationskissen fiel. »Wie kommt ihr so schnell hierher?«, fragte er. »Ich bin noch gar nicht soweit.«

»Wir sind die ganze Zeit über da gewesen, John«, gaben die Führungsengel zurück. »Wir sind sogar im Behandlungsraum bei dir.«

»Ihr habt mir gesagt, dass ich große Kräfte hätte«, sagte John. »Ihr habt mir unglaubliche Antworten gegeben. Ich habe in ihnen eure Liebe gespürt. Und dennoch hat sich nichts getan. Ich bin mit meiner Weisheit am Ende. Was kann ich noch tun?«

Johns Führer wandten sich ihm zu und sagten: »O John, wir sind so froh, dass du gekommen bist. Hör zu – es spielt keine Rolle, wie gut der Herd ist: Das Essen wird nie gar werden, bevor die Kochplatten heiß sind.«

Nun war John ja nicht dumm, und so erkundigte er sich: »Die Kochplatten, das bin also ich?«
»Ja«, entgegneten seine liebreichen Engel.
»Was kann ich machen?«, fragte John.
»Wofür entscheidest du dich?«
»Ich will das tun, was ich zu tun gelobt habe!«, konstatierte John laut.
Oh, was für ein Flügelschlagen, als er das sagte! Genau das hatten die Engel ja hören wollen. Dieses Mal verzichtete John darauf, genau anzugeben, bei wem der Rücken geheilt werden musste. Er gab nicht mehr an, was er im Einzelnen brauchte oder woher die Kraft kommen sollte oder an welchem Tag sich der Patient besser fühlen sollte. Vielmehr sagte John schließlich: »Ich will Heilung für mich selbst. Ich will das tun, wozu ich mich verpflichtet habe. Ich will, dass sich das erfüllt, was mir leidenschaftlich am Herzen liegt. Ich will das tun, wozu ich hierher gekommen bin.«
Durch seine Engel sagte Gott zu ihm: »Du hast so lange gebraucht, John, um diese Frage zu stellen. Du sollst haben, worum du bittest! Es wird dir gegeben, noch in diesem Augenblick!«
Als sich John an diesem Abend von seiner Meditation erhob, merkte er gleich, dass sich etwas verändert hatte, denn er verspürte einen nie gekannten Frieden. Noch bevor er in den Behandlungsraum kam, wusste er, dass sich etwas geändert hatte. Gott hatte ihm gesagt, er müsse nur gut für sich selbst sorgen, und alles andere würde sich dann schon finden. Als John in den Behandlungsraum trat, passierten erstaunliche Dinge, denn ihm wurde weiteres Wissen geschenkt. »Heute lege ich meine Hände auf die-und-die Stelle«, sagte er sich. »Es ist ganz anders als zuvor. Niemand hat mir gesagt, dass ich das tun soll, aber ich weiß, es ist genau das Richtige.« Die Wirkung ließ nicht lange auf sich warten. John wusste, dass Gott ihm über die Schulter sah und ihm augenzwinkernd sagte: »Aha, ja, richtig so. Nun probiere es einmal hiermit.« John erzielte mit einem Mal Ergebnisse wie noch nie! Er sagte denen, die zu ihm kamen, dass sie sich innerlich darauf vorbereiten sollten, geheilt zu werden. Er führte Zeremonien mit ihnen durch, bevor er sie über-

haupt anfasste. Sie hielten ihn für verrückt – bis sie geheilt waren. Dann kamen noch mehr Menschen zu ihm – John, der begnadete Heiler.

Und so geschah es, dass John seine Schwester aufsuchte. John kam buchstäblich zu ihr hereingetanzt, voller Feuer, und wusste, dass sie die Nächste war, die geheilt werden würde. Er sah, wie sich ihre Miene aufhellte. Kein böses Gesicht mehr, und dabei hatte er sie noch nicht einmal berührt.

»John! Was ist geschehen?«, fragte sie ihn. »Ich habe mir solche Sorgen um dich gemacht.« Alles schien stillzustehen. John erkannte, dass seine eigenen Qualen auf die Menschen übergegriffen hatten, die er zu heilen versuchte. Mal um Mal war er bei ihr ins Zimmer gekommen und hatte seine eigenen Ängste mit sich herumgeschleppt. Tatsache war, dass er durch seine eigenen Sorgen ihre Genesung behindert hatte. Kein Wunder, dass nichts half!

»Gott hat mir gesagt, dass du geheilt werden wirst«, kündigte John mit großer Wärme an. Dann führte er eine Zeremonie mit seiner Schwester durch und spürte, wie der Friede Gottes sie beide überwältigte. Er vergoss Tränen der Freude über dieses neu gefundene Wissen und dankte Gott für seine Hilfe, die derart wundervolle Wirkung zeigte. Seine Schwester wurde tatsächlich geheilt, weil sie so weit war und weil John zuerst für sich selbst gesorgt hatte – und seine Fähigkeiten und seine Weisheit waren enorm gewachsen. Johns neue Ausrichtung hatte nicht nur sein eigenes Leben verändert, sondern sollte auch das von allen verändern, die er von da an berührte.

Nachtrag des Autors

»Was ist der Schlüssel zur Entwicklung wirksamer heilender Fähigkeiten?« Viele stellen diese Frage. Nun: Eignen Sie sich das entsprechende Fachwissen an, und sorgen Sie dann dafür, dass sie SELBST im Gleichgewicht sind! Bitten Sie darum, dass erfüllt werden soll, wozu sie sich für dieses Leben verpflichtet haben. Im Gleichgewicht zu sein, erschließt Ihnen zusätzliches Wissen, bessere Hilfsmittel und eine immens größere Weisheit, die sie sich innerhalb der neuen Energie zunutze machen können. All

diese wunderbaren Gaben der Heilung stehen Ihnen zur Verfügung, können jedoch erst dann in die Praxis umgesetzt werden, wenn Sie zunächst einmal Sorge für sich selbst tragen. Wenn Sie allein meditieren, ist es nicht notwendig, dass Sie um Heilung für Ihre Klienten betteln. Sparen Sie sich das für die Gruppenmeditation auf, für Anlässe, wenn Sie mit anderen zusammen kommen, um den Menschen in Ihrem Umfeld und dem Planeten insgesamt positive Energie zu schicken. Ihr Wissen ist die Grundlage Ihres Heilens, und Ihre Intention dabei ist Ihre Kraft. Was Sie in der persönlichen Meditation tun, sollte für SIE sein. Die eigentliche Kraft, die den Weg dafür frei macht, dass andere geheilt werden, geht von Ihrem Vertrag für dieses Leben aus, als Heiler oder Heilerin zu fungieren. Je mehr er erfüllt wird, desto mehr können Sie als Heiler erreichen. Wirken Sie mit bei der vollkommenen Vermählung mit dem, wozu Sie sich verpflichtet haben, und beobachten Sie, was geschieht!

18

Fünf karmische Lektionen

Hinweis des Autors

Hatten Sie als junger Mensch jemals das absolute Gefühl, Sie seien geboren worden, um etwas Bestimmtes zu tun? Vielleicht haben Sie dabei zugesehen, wie jemand einem bestimmten Handwerk nachging oder rochen an einem merkwürdigen Ort etwas, das Ihnen seltsam vertraut vorkam, und es entstand ein »Déjà-vu«-Erlebnis? Vielleicht haben Sie sogar erfolglos herauszufinden versucht, was es war? Wenn wir alle schon früher gelebt haben, so ist es nur logisch, dass wir eventuelle intensive Erinnerungen mitnehmen, die in diesem Leben nicht unbedingt eine wichtige Rolle spielen, aber auf zellularer Ebene als Erinnerungen gespeichert sind.

Ich weiß, dass einige von euch schon mit fünf Jahren wussten, was sie tun würden und das dann erfolgreich in die Tat umsetzten! Was ist der Unterschied? Es folgt eine Geschichte über fünf Personen, die intensive karmische Eindrücke aus anderen Leben mitbrachten. Sie zeigt uns, was sie mit diesen Gefühlen anstellten (oder auch nicht) und wie sich dies auf ihr Leben auswirkte. Nicht alles ist hier so, wie es auf den ersten Blick wirkt, und innerhalb jeder Geschichte wird Kryon einen Kommentar zu dem Geschehenen einflechten.

Mary, die Unfruchtbare

Sprechen wir jetzt über Mary die Unfruchtbare. Nun, schon als Mary noch ganz klein war, wusste sie intuitiv, dass sie die geborene Mutter war. Wenn andere kleine Mädchen ihres Alters mit einer Puppe spielten, spielte Mary gleich mit sechs. Mary wusste alles über Kinder. Sie wusste, womit man Kinder glücklich machen kann und wie man sie erzieht. Sie war ziemlich klug auf diesem Gebiet, muss man wissen, denn sie war schon früher Mutter gewesen. Leben für Leben hatte sie Kinder aufgezogen, mitunter bis zu elf. Mary war die geborene Mutter!

Im Laufe ihres weiteren Lebens begegnete Mary dann einem männlichen Menschenwesen, das sagte: »Ich will eine große Familie.«

»Das ist der richtige Mann für mich«, sagte sich Mary. Sie schmiedeten zusammen Zukunftspläne und erwarben ein riesiges Haus für die vielen Kinder, die da kommen würden. Doch unglücklicherweise sollte sich zeigen, dass Mary gar keine Kinder bekam. Es war ein harter Schlag für sie, als man feststellte, dass sie unfruchtbar war. Ihr ganzes Wissen in Kinderfragen schien umsonst. Mary war am Boden zerstört. Sie haderte mit Gott und fragte sich, wie man ihr einen so üblen Streich spielen konnte – da kam sie mit einem solchen Wissen im Hinblick auf Kinder auf diesen Planeten, und dann blieben ihr selbst welche versagt! Was mit ihrem Partner passierte? Er blieb kaum ein Jahr. Denn schließlich wollte er ja Kinder, die biologisch seine eigenen wären, genau wie Mary. Er wollte ihre Hände und Finger sehen und wissen, dass sie genau wie seine waren und dass sie von ihm abstammten. Mary blieb also allein zurück.

Sie überwand ihre Wut auf Gott, denn sie war eine spirituell bewusste Frau und wusste das auch. Sie wusste, sie hatte eine Chance erhalten, mehr über die Gefühle zu erfahren, die sie in sich trug. Es ergab für sie keinen Sinn, dass Gott ihr derart übel mitspielte, und so suchte sie in der Gesellschaft anderer, die ihr Informationen zutrugen, nach Antworten. Sie ergründete sich selbst.

Vor allem, und das bewirkte eine Menge, übernahm Mary von da an die Verantwortung für die Vorfälle in ihrem Leben. Als sie sich eingehender damit beschäftigte, wurde ihr klar, dass sie das, was da geschehen war, in Wirklichkeit geplant hatte. Sie verstand zwar nicht, warum, und noch immer musste sie mitten in der Nacht weinen um die verlorenen Kinder, die sie nie haben würde – aber sie übernahm die Verantwortung für die Situation. Nicht lange danach hatte Mary eine Vision, und daraufhin wusste sie, worin ihre Mission bestand. Denn die Vision zeigte ihr andere Mütter auf der ganzen Welt, die ihre Worte lasen und von ihrer Lebensklugheit profitierten. Ihr müsst wissen: Mary war es bestimmt, Ratgeber zur Erziehung von Menschenkindern zu veröffentlichen, also tat sie es. Bis Mary wieder in der Höhle der Schöpfung angelangte und dann in die Ehrenhalle kam, hatte sie insgesamt sieben Bücher verfasst. Sie wurden auf dem ganzen Planeten gelesen. Zehntausende von Müttern profitierten von Marys Werken, ihren Erkenntnissen und ihrer Erfahrung. Rückblickend betrachtet, von der anderen Seite aus, verstand Mary, was geschehen war. O ja, sie war mit diesem Wissen auf den Planeten gekommen, diesem »Überbleibsel« aus ihren vielen früheren Leben, aber sie hatte es falsch gedeutet. Sie sollte keine Kinder bekommen, denn das wäre ihrem wahren Auftrag in die Quere gekommen! Sie musste die Verantwortung dafür übernehmen, wer sie war sowie für ihre Probleme, damit sie umdenken und sehen konnte, was sie mit ihrem Wissen anfangen würde. Behaltet das im Hinterkopf, denn hier sind noch weitere Geschichten.

John, der Reiche

Sprechen wir nun über John, den Reichen. Jeder von euch kennt diesen John. Er wurde mit der Fähigkeit auf diesen Planeten geboren, Wohlstand um sich zu schaffen, wo immer er ging und stand. Was John auch anfasste, machte ihn zum wohlhabenden Mann, und es war in der Tat sein Karma, dass das so war. Viele sahen ihn an und sagten: »Der muss in einem früheren Leben aber ein guter Mensch gewesen sein, dass er jetzt dieses gute Karma hat.« Aber sie verstanden nicht im Geringsten, worin für ihn die Lektion bestand. Schon als Junge begann John von anderen Kindern für dies und jenes Geld zu verlagen – ein kleiner Dienst hier, eine Nettigkeit dort. Als Schulabgänger, zu einem Zeitpunkt, wo andere gerade erst mit dem

Geldverdienen anfingen, war John bereits auf dem besten Weg, reich zu werden. Von da an ging es so weiter, denn er häufte ein Vermögen an.
John war schließlich so vermögend, dass er es in diesem Leben gar nicht mehr alleine ausgeben konnte. Dennoch verwandte John seine gesamte Zeit darauf, noch mehr anzuhäufen, und er machte sich damit unglücklich. Daraufhin wurde er wütend. Denn John hatte keine klare Vision seines Auftrags. Es fiel ihm allzu leicht, zu Geld zu kommen, also wurde aus John ein leicht reizbarer und unentwegt nörgelnder Mensch. So mancher wollte nichts mit ihm zu tun haben, ein solcher Wüterich war er! Die Einzigen, die es bei ihm aushielten, waren folglich diejenigen, die er dafür gut bezahlte – was wiederum deren Karma war. Und so starb John als unglücklicher Mann. Erst als er sich auf der anderen Seite befand, wurde ihm klar, worin die Lektion für ihn bestanden hatte. Er hatte sich die schwierigste Lektion von allen ausgesucht, eine, die er nicht bewältigte.
Ihr Lieben, es gibt eine Schrift, in der genau hiervon die Rede ist, und wir möchten euch sagen, was damit gemeint ist und was nicht. Die diesbezügliche Stelle wurde sinngemäß übersetzt mit: »Ein Reicher wird schwer ins Himmelreich kommen.« Lasst mich euch sagen, was das bedeutet: Jemand, der sehr wohlhabend ist, wird sich extrem schwer tun, Erleuchtung zu erlangen. Diese Aussage steht allein, ohne rechten Kontext. Genau darin bestand Johns Lektion. Konnte er auf den Planeten herunter kommen, diese Gegebenheit erfahren und dennoch Erleuchtung finden? Denn die Fenster zur Erleuchtung, die sich aufgetan hatten, waren rasend schnell an ihm vorbeigezogen, und er hatte nicht nach links und nicht nach rechts geschaut. Er war vollkommen davon in Beschlag genommen, hinter Reichtum herzujagen.
Nun haben manche diese Schrift genommen und daraus schlecht durchdachte Regeln zum Thema Reichtum entwickelt. »Was Gott in Wirklichkeit meint«, sagen sie, »ist, dass man nicht gleichzeitig wohlhabend und erleuchtet sein kann! Wenn du Wohlstand hast«, so geht diese fehlerhafte Logik weiter, »bist du automatisch nicht

erleuchtet. »Insofern«, so das Fazit, »musst du dich, um Gott zu finden, von all deinem Reichtum trennen« (gewöhnlich darf man ihn gerne an eine Organisation abtreten, die einem bereitwillig hilft, diese spirituelle Bürde loszuwerden), »nur dann wirst du Erleuchtung erfahren.« Die gleichen Individuen gingen (hier wird es noch schlimmer) sogar soweit, Armut mit Erleuchtung gleichzusetzen.

Glaubt mir, meine Lieben, das ist nicht der Fall. Wir bitten euch, die ganze Sache mit gesundem Menschenverstand zu betrachten. Wir möchten, das haben wir euch ja schon zuvor gesagt, dass euch Fülle umgibt. In anderen Geschichten haben wir euch auf Reisen mitgenommen, auf denen ihr die Tür zu euren inneren Räumen, den Räumen des spirituellen Lebens aufgestoßen habt. Eine davon ist immer vom Boden bis zur Decke voll mit den herrlichsten Dingen, mit Gold und Schätzen (siehe »Wo und die geheimnisvollen Türen« in diesem Buch). Nun, warum sollten wir euch diese Dinge zeigen und euch einladen, bei der Erschaffung eurer eigenen Wirklichkeit mitzuwirken, um dann zu verkünden, ihr könntet nicht gleichzeitig erleuchtet sein und von Fülle umgeben? Genau das ist der Grund, warum wir sie euch zeigen: Ihr könnt durchaus vollkommen erleuchtet und unermesslich reich sein.

Die Schwierigkeit bei dieser Gegebenheit ist einfach nur die, dass jemand, der mit der Fähigkeit auf den Planeten geboren wird, leicht zu Wohlstand zu gelangen, ein extrem schweres Karma hat. Wird er irgendwann umdenken und sich auch mit seiner spirituellen Seite befassen, um schließlich erleuchtet zu werden, oder nicht? Mit anderen Worten: Die Ablenkungen, die verhindern, dass er größere Kraft entwickelt, sind fast unüberwindlich. Das ist alles. Aber ihr alle seid eingeladen, Fülle zu erfahren, jeder und jede Einzelne von euch. Die erwähnte Schrift verweist nur auf eine Schwierigkeit, die dabei auftritt, und ermahnt euch, dass ihr euch dessen bewusst sein solltet. Erleuchtung und irdische Reichtümer zu haben, erfordert viel inneres Gleichgewicht und eine geglückte Sublimierung des Egos. Diese Gegebenheiten trifft man nicht sehr oft gemeinsam an. Falls doch, weiß man, dass man einer sehr alten Seele begegnet ist. Es gilt also ganz im Gegenteil: Gesegnet ist der, der Gott kennt und dabei in Fülle lebt!

Philippe, der Fischer

Wir möchten euch jetzt etwas über den Fischer Philippe erzählen. Nun, Philippe lebte nicht auf diesem Kontinent, aber dennoch ist das hier eine wahre Geschichte von einem tatsächlichen Menschen. Schon als ganz kleiner Junge hatte Philippe nichts als das Fischen im Sinn. Denn man muss wissen, dass er in dieses Leben karmische Überreste aus vielen, vielen Leben als Fischer mitbrachte. Immer wieder war er Fischer gewesen, immer hatte er viel mit den Fischern in seinem Umfeld zu tun gehabt, und er wusste es. Denn als Kind wollte er immer nur zum Strand und sich unter die erwachsenen Fischer mischen. Er lernte sämtliche Seemannsknoten und beherrschte diese Kunst bald hervorragend. Intuitiv wusste er genau, wann für jeden Fisch die beste Fangzeit war. Er wusste intuitiv, wie er vorgehen musste und wann er größere Fänge machen würde.
Philippes Vater war nicht unvermögend. Zudem hatte er eine juristische Ausbildung genossen. Er wollte nicht, dass aus Philippe ein Fischer werden würde, denn ohne dass er oder sein Sohn es wussten, hatte sein Vater auf der anderen Seite eine Vereinbarung mit Philippe getroffen. Es gehörte zum Karma seines Vaters, diese Mission zu erfüllen. Der Vater zeigte sich also irritiert, dass Philippe nur ein armseliger Fischer werden wollte, denn er hatte größere Pläne mit ihm.
Und so schickte er Philippe von der Küste weg – weit ins Landesinnere, wo er Philippe an der juristischen Fakultät einschrieb. So wurde aus Philippe ein Experte in Sachen Recht, und zwar ein brillanter. Tatsache ist, dass er die Juristerei sogar liebte, als er erwachsen war. Doch er dachte noch immer daran, wie es wohl wäre, das Leben eines Fischers zu führen, machte sich das Fischen dann stattdessen aber zum Hobby. Sooft er konnte, fuhr er an die Küste, um einen Törn auf seinem privaten Segelschiff zu unternehmen. Danach roch er immer ein, zwei Tage wie ein Fischer und schwelgte in dem Erlebten.

Im Laufe seines weiteren Lebens wurde Philippe eingeladen, dem höchsten Gerichtshof seines Land beizutreten, und auch hier brillierte Philippe wieder. Denn er war ein integrer Mann, müsst ihr wissen. Nicht umsonst hatte er viel Zeit unter Fischern verbracht! Er besaß eine tiefe Verbundenheit mit der Natur und ihren Geschöpfen sowie mit der Erde selbst. Philippe brachte seine kluge Art in seine Arbeit hinein, und er gelangte in seinem Land in die höchste Führungsspitze. Seine Landsleute liebten ihn. Irgendwie erinnerte Philippe sie an einen einfachen Fischer, und sie sprachen sehr positiv auf eine solche Persönlichkeit an.
Damit ist also klar gestellt, dass die Überbleibsel aus früheren Leben, die Philippe in sich trug, ihn um ein Haar als Fischer an der Küste festgehalten hätten, wäre da nicht sein Vater gewesen. Denn die Aufgabe seines Vaters war die, Philippe zu einem weisen Führer zu erziehen, und das hatte er getan. Philippes Mission bestand darin, die Eigenschaften des Fischers auf die Führung der Staatsgeschäfte zu übertragen. Zusammen hatten Philippe und sein Vater einen geweihten Plan, auch »Karma« genannt, und diese beiden Menschen hatten ihn perfekt durchlaufen. Infolgedessen wurde vielen geholfen, und die Schwingung des Planeten veränderte sich.

Elizabeth, die Königliche

Lasst mich nun von Elizabeth, der Königlichen erzählen. Seht ihr, schon als Neugeborenes hielt Elizabeth ihr Haupt hoch erhoben. Die meisten von euch wissen, dass das ungewöhnlich ist. Ein Kind in diesem Alter hat schwache Muskeln und kann seinen Kopf noch nicht alleine halten. Nicht so Elizabeth. Oh ja, Elizabeth war eine wahre Königin, und sie wusste es. Das einzige Problem, ihr Lieben, dabei war, dass Elizabeths Eltern nicht königlichen Geblüts waren.
Elizabeth wurde nämlich in ärmliche Verhältnisse hineingeboren. Im Laufe der Jahre machte sie das zunehmend wütend, denn sie wusste, dass sie ja schließlich etwas Besonderes war. Sie war eine Prinzessin, würde eines Tages Königin sein, aber nichts in ihrem Umfeld bestärkte sie sichtbar hierin. Und so war sie mit ihren Allüren für die

anderen Kinder ein rotes Tuch, und später brachte sie auch andere Erwachsene zur Weißglut, da sie sehr eigene Vorstellungen davon hatte, wie alles um sie herum sein sollte. Sie gebärdete sich wie eine Dame von Welt, die eine mittellose Familie beehrt. Und ganz ähnlich wie bei der ersten Geschichte, die wir euch hier erzählt haben, der von Mary der Unfruchtbaren, reifte Elizabeths Chance heran. Eine Freundin nahm sie eines Tages beiseite und erklärte ihr das Wirken Gottes. Und Elizabeth betrachtete ihr eigenes Leben und sagte: »Ich übernehme die Verantwortung dafür, wie ich mich fühle – als Prinzessin in eine königliche Familie geboren zu sein. Was also ist mein Auftrag?« Dann gestand sie ein: »Vielleicht war eine königliche Familie ja auch gar nicht nötig für mich, um eine Königin zu sein.«

Also beschloss Elizabeth, dass sie selbst dafür sorgen würde, sich ihre eigene Position einzurichten. Und alles, was sie versuchte, funktionierte! Ringsum taten sich Chancen auf für Elizabeth, während sie die Führung ihres Umfelds übernahm und bei der Erschaffung ihrer eigenen Wirklichkeit mitwirkte. Als sie ihr dreiundvierzigstes Lebensjahr erreicht hatte, befand sich Elizabeth in der Situation, von allen geachtet und bewundert zu werden. Aufgrund ihrer Begabungen und ihrer Person hatte sie in der Tat ihr eigenes Königinnentum geschaffen. Wieder einmal hatte hier ein Überrest aus einem früheren Leben gute Dienste geleistet, wenn auch nicht so, wie sie sich das vielleicht gedacht hatte. Die Alchemie in dieser Geschichte ist klar: Elizabeth hatte eine potenziell frustrierende Situation genommen und durch höhere Erkenntnis in eine ruhmreiche verwandelt. Elizabeth, die Königliche... war in der Tat eine Königin.

Nun könntet ihr, meine Lieben, nach diesen vier Geschichten Fragen stellen: »Woher weiß ich den Unterschied zwischen einem Überbleibsel aus einem früheren Leben und meinem Vertrag oder meiner Mission für dieses Leben? Für mich sehen sie nämlich gleich aus.« Mary, die Unfruchtbare, dachte, sie würde bald Mutter werden; John wusste mit absoluter Gewissheit, dass er dazu geboren war, in Reichtum zu leben; Philippe, der Fischer, dachte, er sei geboren worden, um Fische zu fangen, und Elizabeth dachte, sie hätte eigentlich eine Königin sein sollen!

Es ist ganz einfach, den Unterschied zu erkennen – hier einige wichtige Kennzeichen. Alle Vorbereitungstreffen, bei denen es um Karma geht und die jetzt in diesem Moment für euch stattfinden, basieren auf Chancen in Form von Dingen, die euch individuell zum entsprechenden Handeln bringen. Das heißt, sie sind in Liebe geplant worden, um eure Entwicklung hin zur höheren Erkenntnis zu unterstützen, und zu bestimmten, kraftvollen Zeiten seid ihr überdeutlich mit ihnen konfrontiert. Manche dieser Fenster der Möglichkeiten sind dazu angelegt, euch zu zeigen, was ihr nicht tun sollt. Andererseits verhält es sich so, dass Aktivitäten, die ihr ausprobiert und die bei euch gut funktionieren, offensichtlich eure Mission sind. Wir laden euch ein: Wenn ihr den Unterschied zwischen einem intuitiven Gefühl, das in euren Zellen verankert ist, und einer Mission, nicht ausmachen könnt, stellt euch direkt der Herausforderung, ihn herauszufinden. Einige von euch haben schon das Gefühl gehabt, dass ihr dies oder jenes sein solltet. Vielleicht solltet ihr hierhin oder dahin gehen, aber ihr seid unsicher. Viele werden das Wagnis unternehmen müssen, den Unterschied zwischen einem Überhang aus einem früheren Leben und einem karmischen Vertrag oder einer Mission herauszufinden, denn oft verwischt sich die Grenze zwischen beidem.

Eben diese verwischte Grenze lädt euch karmisch betrachtet zu dem spannenden Unterfangen ein, den Unterschied zu erkunden. Befürchtet nicht, eure Zeit oder Mittel für etwas zu verschwenden, was sich als scheinbarer Fehlschlag erweisen wird, denn es hat euch womöglich Wahres gezeigt! Genau dieses vollzogene oder geplante Wagnis signalisiert Gott und euren Führungsengeln, dass ihr beschlossen habt, in Angriff zu nehmen, was eurem Plan entspricht! Seht ihr die Ironie an der ganzen Geschichte? Wenn ihr da hockt wie ein Häufchen Elend und euch sorgt und ängstlich fragt, was ihr wohl tun sollt, so wird nichts geschehen. Nur wenn ihr eure Angst überwindet und aktiv werdet, um mehr herauszufinden, wird der »Motor« eurer Lektionen angeworfen. Mitunter scheint euer

Handeln fehlzuschlagen, aber die Wahrheit ist, dass ihr in der Tat herausgefunden habt, ob das Gefühl, das euch antreibt, Überbleibsel oder Mission ist. Ein Mensch, der es immer wieder mit dem Überbleibsel probiert, begeht eine Dummheit. Es wird einfach nie funktionieren.
Hätte Philippe also versucht, Fischer zu werden, so wäre daraus nichts geworden. Es gibt da nämlich etwas, was Philippe nie herausfand und was in seiner biologischen Konstitution versteckt war: Er wäre permanent krank gewesen, wenn er seine Pläne weiterverfolgt hätte, vom Fischfang zu leben. Auch das ist eine Art und Weise, wie Gott Philippe gerecht wurde, um ihm beim Herausfinden seines Auftrags zu helfen. Es hätte für ihn nicht funktioniert, und wäre da nicht sein Vater gewesen, hätte sich das deutlich gezeigt. So aber konnte Philippe schnell erfolgreich in seinen Auftrag hineinwachsen, weil sich da ein Mensch an seiner Seite befand, der genau zu diesem Zweck gekommen war. Seht ihr, wie es durchaus sein kann, dass Menschen um euch herum, die euch wichtig sind, die Erfüllung eurer Mission vorantreiben können?
Gott be- oder verurteilt dich, wenn du die andere Seite erreichst, nicht dafür, ob du dein Karma erfolgreich durchlebt hast oder scheinbar durch die Prüfung gefallen bist, vor die dich ein bestimmtes Leben gestellt hat. So war es auch bei John, dem Reichen: Es wurde absolut nicht Gericht gehalten, nicht einmal von John selbst. Vielmehr wurde John in der Ehrenhalle genau wie die anderen als Held begrüßt. Die Ehrung gilt der Inkarnation als solcher. Zu keinem Zeitpunkt richtet Gott darüber, ob die Lektion gelernt wurde oder nicht. Die Ehre gebührt der Tatsache, dass wir den Weg beschritten haben, es kommt nicht darauf an, in welche Richtung er eingeschlagen wurde.

David, der Geliebte

Ich möchte euch jetzt von jemandem erzählen, der ohne Karma auf die Erde kommt, nur mit einem Auftrag. Und zwar wollen wir euch jetzt von David, dem Geliebten, erzählen. Nun, David wurde mit einem unvollständigen Gehirn geboren. Er war ein intelligentes

Kind. Alles, was mit dem Bewusstsein zusammenhing, war bei ihm voll ausgebildet, was fehlte, waren die Gehirnareale, die das Wachstum steuern. Und so wussten die Ärzte, dass David nicht sehr lange leben würde, denn ohne diese fehlenden Teile des Gehirns war das unter keinen Umständen möglich. Davids ganzer Daseinszweck war eine bestimmte Mission. Sie war zwar noch nicht gleich offensichtlich, sollte sich jedoch bald zeigen. David hatte junge Eltern, die ihn sehr liebten, und er umgab sich darüber hinaus noch mit weiteren Menschen, die ebenfalls sehr an ihm hingen.

Also führte David für die wenigen Jahre, die er auf dem Planeten war, ein erstaunliches Leben. Da waren diejenigen, die ihn zu Orten mitnahmen, die ein anderer in diesem Alter sonst nie zu Gesicht bekommen hätte. Er wurde nur so überschüttet mit Liebe und erhielt jede nur denkbare Chance, dazuzulernen. Und doch starb er in seinem zwölften Lebensjahr. Denn Davids Auftrag auf diesem Planeten hatte darin bestanden, seinen Eltern ein Geschenk zu machen.

Oh-oh, wenn man seinen Eltern gesagt hätte, dass sein früher Tod ein Geschenk war, wären sie gekränkt gewesen! Der Kummer über seinen Tod bescherte ihnen die schlimmste Zeit in ihrem Leben. Es hätte ihrem wunden Herzen nicht geholfen, wenn sie von Davids Mission gewusst hätten. So ergeht es ja auch euch, meine Lieben, wenn ihr wisst, dass jemand aus diesem Dasein scheidet: Es hilft in diesem Moment nicht, wenn ihr wisst, dass das genau das Richtige ist. Denn in dem Moment, wo es eintritt, ist der Schmerz da, und in diesem Moment könnt ihr noch so viel spirituelle Weisheit haben wie ihr wollt, sie kann die aufwallenden Gefühle nicht verdrängen. Ein wehes Herz ist die schlimmste Wunde, die sich der Mensch je zufügen kann.

David, der allen so teure kleine Junge, wurde schmerzlich vermisst. Und so trauerten seine Eltern um ihn, wie man es in einem solchen Fall ja auch erwarten würde. Aber ihr müsst wissen, dass David mit diesen Eltern eine Übereinkunft getroffen hatte, und seine jungen Eltern wiederum hatten eine Übereinkunft mit ihm. Davids Dahinscheiden war für die beiden, selbst dann, als sie die tiefste Talsohle erreichten, die Chance, einen Weg zu entdecken, der sie schneller zur höchsten Erkenntnis führen würde. In ihrem Ringen um Seelenfrieden taten die verwaisten Eltern einen Schritt, zu dem es ohne Davids Geschenk nie gekommen wäre. Und so geschah es, dass die Beiden ein großartiges, von höherem Wissen beseeltes Leben führten und Heiler wurden, die im Laufe der Jahre viele Patienten betreuten. Der Kummer verwandelte sich in Freude und Heilung. Und so geschah es, dass sich durch das Geschenk, das David, der Geliebte, ihnen gemacht hatte, Erleuchtung erlangten und ihr Karma erfüllten. Welche Chance wäre da vertan worden, hätten Davids Eltern das Geschenk nie erkannt und sich statt dessen in ihrem Leid gesuhlt und zugelassen, dass es ihr ganzes Leben aufzehrte. Davids Mission bestand ganz und gar darin, die höhere Erkenntnis und Heilung Hunderter von Menschen in einer Zukunft zu heilen, die er selbst nie erleben würde. Seine Liebe lag in dem Geschenk, das er seinen jungen Eltern zu machen hatte, und ihre Liebe war ihre Fähigkeit, dieses Geschenk zu sehen und sich anzusehen, was es bedeutete. Das scheinbare Opfer des Einen war also eine Quelle der Freude für viele. Die spirituelle Schönheit dieser Geschichte liegt darin, dass David ewig ist, und die zwölf Jahre, die er damit zubrachte, sein Geschenk darzubringen, waren nur ein Leuchtpunkt auf der Zeitlinie eines viel größeren Ereignisses – dem Aufstieg des Planeten Erde.

Nachtrag des Autors

Als Kind wollte ich unbedingt zum Militär. Meine Frau Jan wird bestätigen können, dass ich noch heute, wenn ich Männer und Frauen in Uniform sehe, das Gefühl habe, ich sollte einer von ihnen sein. Ich kam mit acht Jahren auf eine Kadettenschule und verbrachte dort auf mich gestellt drei Jahre im Internat. Ich wusste, wie es war, beim Militär zu sein, und doch gehörte ich ihm nie an. Als ich die Kommandobrücke eines Schiffes in San Diego betrat, erkannte ich den Stuhl wieder, auf dem ich immer gesessen hatte, und da wusste ich, dass ich mit Haut und Haar zur Marine gehörte. Ich hatte den Eindruck, auf meinen Daseinszweck gestoßen zu sein und machte dementsprechend an der High School meine

Ausbildung beim Reserve Officers Training Corps und plante in späteren Collegejahren einen Abschluss beim Reserve Officers Training Corps der Navy, um eine Laufbahn als Marineoffizier starten zu können. Aber das war ein Überbleibsel aus einem früheren Leben, muss man wissen, und es war schon erstaunlich, was Gott sich alles einfallen ließ, um meinen Eintritt in die Marine zu verhindern!

Erstens hatte ich Allergien. Während meiner Collegezeit sollte ich für einen Einsatz in Vietnam zur Musterung, und ich fiel durch. Man sagte mir damals: »Mit diesen Allergien sind Sie wehrdienstuntauglich.« Jetzt weiß ich, wozu Gott mir Allergien gegeben hat. Später fand ich dann zu allem Überfluss auch noch heraus, dass ich seekrank werde! Können Sie sich vorstellen, wie der große Marineoffizier mitten im Gefecht über der Reling hängt? Es ist ein kosmischer Witz! Mit fünfzig erfuhr ich dann, dass ich mit nur einer Niere geboren worden war! Ich hätte unmöglich die komplette Musterung für den Dienst bei der Marine bestanden! Ich hätte in diesem Land schlichtweg unter keinen Umständen zum Militär gekonnt, und doch wollte ich es unbedingt!

Ich hatte ein Leben nach dem anderen im Militär gedient. Es war etwas ganz Natürliches für mich, und als ich dieses Mal hierher kam, strebte ich es erneut an. Ausgerechnet in das karmische Umfeld des Marinestützpunkts San Diego hineingeboren zu werden, war für jemanden mit karmischen »Marine-Rückständen« aus anderen Leben, der nun aber eine spirituelle Mission hatte, eine wirkliche Herausforderung – und dann auch noch mit acht Jahren in die Kadettenschule gesteckt zu werden!

Also legte Gott mir Steine in den Weg, um mir den Unterschied zwischen einem Überbleibsel aus einem früheren Leben und etwas zu zeigen, das mein Vertrag vorsah. Ich wartete, bis ich Ende vierzig war, bevor ich meine Mission fand, und dabei fragte ich mich immer, ob ich nicht vielleicht Marineoffizier hätte werden sollen. Und dann ist da noch das Menschenwesen, mit dem ich eine Übereinkunft habe und das hier an meiner Seite ist (die Rede ist von Lee Carrolls Frau, Jan Tober.) In meinem Fall war sie die Platzhalterin und brachte mich an den Punkt, an dem ich mich jetzt befinde – genau wie Philippes Vater seinen Sohn. Also verstehen manche von euch jetzt vielleicht Jans Anteil an der Kryon-Arbeit besser, von dem ich in anderen Publikationen gesprochen habe. Es ging sehr tief. Es ist ein karmischer Vertrag. Es ist eine Mission, und ich bin froh, dass Gott mir die Steine in den Weg legte, die mich davon abhielten, einen falschen Weg einzuschlagen, und mir die Partnerin zur Seite stellte, den richtigen zu weisen.

19

Aaron und die Kugel mit der wahren Essenz

Hinweis des Autors
Hier ein Kurzgeschichte, die Kryon vor einem Publikum in Sedona, Arizona, zum Besten gab. Sie handelt vom Streben eines Menschen nach Jugend, Heilung und Weisheit. Er, für den Geld kein Thema ist, bereist die ganze Welt, ständig auf der Suche nach seinem ihm immer wieder entgleitenden Traum.

Meine Lieben, Kryon gibt euch diese Parabeln und Geschichten mit einer bestimmten Absicht. Sie sind metaphorisch zu verstehen und beziehen sich nicht immer auf eine Person, die tatsächlich auf der Erde existiert. Diese Gleichnisse und Geschichten erhaltet ihr in Liebe – o ja, so großer Liebe. Denn sie haben mit dem menschlichen Selbstgewahrsein zu tun, mit Heilung und der Möglichkeit eines langen Lebens.

Aaron war als wohlhabender Mann auf der Erde. Als er das vierzigste Lebensjahr erreicht hatte, verunsicherte ihn das, was er im Spiegel

erblickte. Da war nämlich ein Mann, der sich zusehends veränderte und zu altern begann. Aaron gefiel sein Gesicht und seine Statur gar nicht. Überall um sich herum sah er Bekannte und Freunde diverse Krankheiten bekommen, und Einige von ihnen waren sogar schon gestorben. Also sagte er sich: »Was kann ich dagegen tun? Darauf muss es doch eine Antwort geben. Ich weiß, dass ich meinen Wohlstand bestimmt nicht umsonst habe.«
Nun war Aaron ein gottesfürchtiger Mann mit bemerkenswerten Vorfahren. Er dachte sich: Ich will meinen Reichtum dazu einsetzen, das zu entdecken, was Einige den Jungbrunnen genannt haben. Also begab er sich zu einem sehr weisen Mann und fragte ihn: »Existiert der Jungbrunnen denn wirklich?«
Der Mann, es war ein Schamane, sagte zu ihm: »Nicht in dem Sinne, aber es gibt etwas, das wir als die ›Kugel mit der wahren Essenz‹ bezeichnen. Sie existiert wirklich, ganz physisch, man kann sie anfassen; sie verlängert das Leben und heilt Krankheiten. Außerdem wird sie dir große Weisheit schenken.
»O weiser Mann«, sagte Aaron, »sage mir, wo finde ich diese Kugel?«
»Nun«, gab der Weise zurück, »eine Möglichkeit wäre, den Kelch Christi zu finden –.«
»O nein!« unterbrach ihn Aaron da. »Das ist die Sache mit dem heiligen Gral – nein, an so Etwas glaube ich nicht. Meine Religion unterstützt das nicht.«
Der Weise lächelte und sagte: »Aaron, ob du es glaubst oder nicht, die Kugel mit der wahren Essenz, der Abendmahlskelch Christi und der Heilige Gral waren alle in der Bundeslade.«
Wie kann das sein?, dachte Aaron. Die Bundeslade gab es doch lange vor Christus. Aaron überhörte also die Bemerkung des Schamanen und griff geflissentlich nur das auf, was ihn interessierte.
»Sag mir, wo sollte ich suchen, um diese Kugel mit der wahren Essenz zu finden?«
Der Schamane entgegnete: »Du sollst sie haben, wenn das dein Wunsch ist, denn wir können das Abkommen, das du getroffen hast, deutlich sehen und wissen, dass du derjenige sein könntest, der

sie findet. Du musst nur mit der Suche beginnen und darauf vertrauen, dass Gott dich führen wird.«

Aaron war ganz aufgeregt, als er das hörte, denn er deutete es so, dass er derjenige war, dem es bestimmt war, die Kugel mit der wahren Essenz für den Planeten zu finden! Wäre sie erst einmal entdeckt, so dachte Aaron – nun, wem könnte er da nicht Hilfe und Heilung spenden –, denn er würde ein langes Leben führen, und mit ihm alle in seinem Umfeld... Freunde, Verwandte. Oh, das war noch besser, als er gedacht hatte. Er glaubte dem Weisen, denn es gab keinen Grund, es nicht zu tun.

Also machte sich Aaron auf die Suche. Wohin gehe ich zuerst? dachte er bei sich. Intuitiv stieg in ihm die Antwort auf: »Zuerst einmal besuche ich die Punkte auf dem Planeten, von denen ich weiß, dass sie die höchste Energie haben.« Also begab er sich nach Sedona (Gelächter beim Publikum) Er suchte überall, und dabei sprach er auch mit den Wächtern der Cañons. Diese sagten: »Im Cañon werden Sie sie nicht finden. Sie müssen anderswo suchen.« Also reiste er weiter, zu einigen der heiligsten Stätten auf dem Planeten.

»Wo ist die hochrangigste religiöse Stätte von allen?,« fragte sich Aaron. »Dort ist mein Zuhause!«, sagte er sich, »dorthin werde ich gehen.« Aaron reiste also zum Heiligen Land und saß vor vielen religiösen Führern. Einige von ihnen hatten noch nie von der Kugel mit der wahren Essenz gehört, andere wiederum sagten: »Ja, wir haben von ihr gehört, wir kennen sie. Fahre fort mit deiner Suche, mein Sohn; womöglich bist du derjenige, der sie finden wird.«

Also reiste Aaron in andere Gebiete, ins nahegelegene Ägypten. Er stellte dieselben Fragen, mit ziemlich demselben Ergebnis. Er ging nach Peru und nach Indien. Er saß vor einigen, die behaupteten, sie selbst seien die Kugel mit der wahren Essenz – er müsse nur bei ihnen bleiben und ihnen seine Aufmerksamkeit schenken und alles, was er besäße. Aaron wusste es besser, denn ihm war ja bekannt, dass es sich um einen Gegenstand handelte, etwas, das man anfassen konnte. Außerdem wusste er, dass die Kugel mit der wahren

Essenz für die gesamte Menschheit existierte, und nicht nur für eine bestimmte Gruppe.
Nun, Aarons Suche zog sich über viele, viele Jahre hin; er wurde dabei immer älter und veränderte sich zusehends. Es machte ihm Angst, und Aaron begann sich zu sorgen. Aarons Sorgen schlugen sich auf seine Körperfunktionen nieder, und er wurde krank.
Schließlich lag Aaron im Kreise seiner Lieben auf dem Totenbett. Er wusste, er hatte die Kugel mit der wahren Essenz nicht gefunden, und auch die um ihn Versammelten wussten es. Er ärgerte sich über den Weisen, der ihm gesagt hatte, er würde die Kugel finden. »Was ist das für ein Trick?« fragte er. »Was hat Gott mir da angetan?« Aaron machte es krank und deprimiert, dass die Kugel mit der wahren Essenz ihm so komplett entgangen war. Seine Familie war Zeuge gewesen, wie er sich bei seiner Suche völlig verzehrte, und sie hatte ihn um seiner selbst willen gebeten, aufzuhören. Nun war er sehr müde und sehnte sich nach Schlaf.
Am anderen Morgen wachte er auf, und stand doch tatsächlich auf. Er fühlte sich phantastisch, aber irgendetwas hatte sich verändert. Als seine Führungsengel näher kamen, merkte Aaron, dass er in Wirklichkeit gestorben war. Aaron war nicht gerade froh, als ihm das klar wurde. »Ich weiß, wer ihr seid, und ich weiß, wohin ich jetzt komme«, sagte er zu seinen Führern, sobald sie vor ihm standen. »Was für ein dummer Trick war da im Spiel, dass ich die Kugel mit der wahren Essenz nicht gefunden habe, die man mir verheißen hatte. Schließlich sagte mir der Heilige, dass ich sie finden würde. Habt ihr mich alle hintergangen?«
Seine Führer lächelten ihm zu, und sie umfingen ihn in vollkommener Liebe mit ihrer Energie. Sie baten ihn, sich doch einmal umzudrehen und zurück zu sehen. Dort, genau an der Stelle, an der Aaron gelegen hatte, befand sich die Kugel mit der wahren Essenz! Sie war tatsächlich da! Sie war physisch wahrnehmbar, und er konnte sie berühren. Sie hatte ein Gewicht und bestand aus Materie – und sie hatte sich die ganze Zeit über in seinem Herzen befunden! Aaron war wie vor den Kopf geschlagen, wenn er bedachte, was das bedeutete.

Er sah seine Angehörigen um den Tisch sitzen und war entsetzt, denn in jedem dieser Menschen, die da schluchzend um ihn trauerten – befand sich ebenfalls eine Kugel mit der wahren Essenz!
Da begriff Aaron, dass es nicht nur eine Kugel mit der wahren Essenz gab. Der Weise hatte gesagt, dass sie für die gesamte Menschheit bestimmt war, und dass er sie finden würde, wenn er sie suchte. Aber nie hatte der Weise behauptet, dass es nur eine davon gäbe! Da begriff Aaron. Und er blickte seine Führer an und verstand.
Er lächelte und sagte: »Danke. Jetzt ist mir klar, wie mein Vertrag aussieht und die Lektion, die ich zu lernen habe.« Damit drehte er sich um und schritt zwischen seinen Engelsfreunden dem Licht entgegen – zu einem Ort, an dem er schon viele Male zuvor gewesen war. Er war nicht daran interessiert, auch nur einen Augenblick länger in einer anscheinend niedrigen Schwingungsenergie zu verweilen.
Selbst in seiner kurzen Zeit in der neuen Schwingung verstand Aaron, dass alles, was er während seines Lebens lernte, auf seine nächste Inkarnation übertragen werden würde, und er konnte sie kaum erwarten. Denn er wusste von der Reise durch den Tunnel und durch die Höhle, in der über seine Inkarnationen Buch geführt wurde. Und danach würde es weitergehen zur Ehrenhalle, und danach kämen die Vorbereitungstreffen und die Rückkehr zum Planeten. Denn wenn er wiederkehrte, soviel wusste er, würde er in der Tat die Kugel mit der wahren Essenz finden. Es würde ihm schon als Kind gelingen, und danach würde er ein sehr langes Leben führen. Denn dieses Mal würde er sich erinnern – er würde sich an die Lektion erinnern, dass die Kugel mit der wahren Essenz das Geschenk des kostbaren Teils von Gott ist, den man in jedem Menschen antrifft.

Nachtrag des Autors

Diese Parabel zu erzählen, ist bei niemandem von Ihnen vergebliche Liebesmüh'. Kryon sagt, dass es da diejenigen unter Ihnen gibt, die da sitzen und diese Worte lesen, weil sie es so verabredet haben. Gott verleiht Ihnen die Fähigkeit, aus sich herauszugehen und den so leicht immer wieder entschwindenden Heiligen Gral zu entdecken, denn das ist die Kugel mit der wahren Essenz, die aus GOTT IN UNS besteht. Die Kugel ist der Teil Gottes, der jedem von uns innewohnt, das, was viele das »Höhere Selbst« nennen. Hier haben wir eine Geschichte, die uns zuruft: »Strecke die Hände aus, nimm sie an dich und gesunde. Lebe ein langes Leben. Sei an deinem Lieblingspunkt. Gott will, dass ihr bleibt und ein sehr langes Leben führt.«

Manche von Ihnen sagen: »Das kann nicht sein, schließlich habe ich mich umgesehen und kann nicht erkennen, dass Gott irgendwo in den bedrückten Menschen um mich herum wohnt.« Kryon sagt, wenn genug von uns ihre Kugel mit der wahren Essenz fänden, würden wir in der Tat die Veränderungen sehen, wenn wir uns umblicken. Aber es muss in dem Raum anfangen, in dem Sie sich jetzt gerade befinden, und in Räumen wie diesem auf dem ganzen Planeten. In Ihrer Stille können Sie nach dem suchen, was Sie von Geburt an in sich tragen, und durch Ihre persönliche Entdeckung können Sie die Art und Weise ändern, wie Dinge um sie herum funktionieren, was sich auf andere auswirken und schließlich das Umfeld ändern wird, in dem Sie leben! Sie tragen in sich die Saat des universellen göttlichen Geistes und alle Heilung und Weisheit, die mit ihm einher geht. Gott lädt Sie ein, nach innen zu gehen und zu entdecken, dass dies Wirklichkeit ist und welcher Friede damit verbunden ist – und aufgrund dessen, was Sie in Ihren stillsten Stunden tun, wird der Planet wird sich ändern, mehr und mehr.

20

Wo und der Große Wind

Hinweis des Autors

Gott hat uns verheißen, »unseren Vertrag zu erfüllen« bedeute, in Kontakt mit den Dingen zu sein, denen unsere ganze Leidenschaft gilt. Das heißt auch, dass wir für alles, was wir für uns selbst in diesem Leben geplant haben, zur rechten Zeit am rechten Ort sein werden. Hier unsere letzte Geschichte – eine Geschichte, die Sie vielleicht dazu bringt, gründlich zu überlegen, was für Ihr Empfinden »der rechte Ort zur rechten Zeit« ist.

Wir haben schon an früherer Stelle von dem Wesen gesprochen, das wir Wo nannten. Nun ist Wo ein Name, den wir schlichtweg diesem Menschenkind geben, das da auf dem Planeten wandelt. Er soll weder einen Mann bezeichnen noch eine Frau, denn wer nicht hier ist, ist keines von beidem. Im Rahmen dieser Geschichte jedoch, damit sie sich leichter erzählen lässt, soll Wo männlich sein. Denn nun kommt die Geschichte – und die Lebensreise – von Wo und dem Großen Wind.

Wo war ein Wesen, das höheres Wissen erlangt hatte. Er lebte zusammen mit vielen Anderen auf einer kleinen Insel. Wo hatte ein

gutes Leben, denn man muss dazu sagen, dass er sich auf einem spirituellen Weg befand. Wir würden Wo als Krieger des Lichts bezeichnen, denn Wo meditierte und liebte Gott. Er hatte wunderbare Kinder, die er durch seine Liebe die Essenz Gottes lehrte. Wo war bei seinen Nachbarn sehr beliebt, denn sie fanden, dass er ein guter Mensch war. Unser Inselbewohner Wo sagte täglich: »O Gott, ich liebe dich. Ich wünsche mir so sehr, meinen Vertrag zu erfüllen – zur rechten Zeit am rechten Ort zu sein. Genau das will ich.«
Wie Wo so weiter durch das Leben ging, Jahr für Jahr, begab er sich täglich zum Strand hinunter. Während das Tosen der Wellen ihm ins Ohr drang, setzte er sich immer so nahe ans Wasser, wie es ihm möglich war, ohne nass zu werden. »O Herr«, betete Wo dann immer, »bringe mich dort hin, wo ich hingehöre. Es ist mir gleich, wenn ich von hier fort muss. Ich will dort sein, wo der perfekte Ort für mich ist – dort, wo mein Vertrag mich haben will.«
Nun muss man wissen, dass Wo hierin genau richtig lag, und er wurde hierfür sehr geehrt. Wo sagte also immer: »O lieber Gott, es gibt da etwas in diesem neuen Zeitalter, das ich zu gerne hätte. Ich weiß, es gibt einige, die dieses Geschenk nie bekommen, aber wenn du es angemessen findest, lass mich meine Führungsengel sehen – und sei es nur einmal.« So kennt ihr nun den inneren Mechanismus hinter Wos Leben und Denken. So einer war Wo.
Ein heftiger Sturm näherte sich der Insel. Er war unglaublich gewaltig. Wo packte die Angst, denn es sah ganz so aus, als würde der Weg des brausenden Orkans direkt über sein Haus hinweg führen. Seit ein paar Hundert Jahren hatte es keinen Sturm wie diesen mehr gegeben, denn er war wirklich mächtig. Als der Orkan näherrückte, verließen viele sogar die Insel. Wo jedoch blieb, wusste er doch nur zu gut, dass er zur rechten Zeit am rechten Ort sein würde, ganz genau so, wie er es mit erschaffen hatte. Wo rechnete damit, dass der Wind jeden Moment auf wundersame Weise drehen würde. Aber, seht ihr, es kam nicht dazu. Statt dessen wurde der Orkan immer heftiger. Und so saßen die Einheimischen bei sich zu Hause fest, und man sagte ihnen: »Gehen Sie nicht nach draußen, wenn Sie das Ganze heil überstehen wollen.«

Also blieben die Leute in ihren Häusern und beobachteten von dort aus, wie die Orkanböen über das Land peitschten und den Wasserspiegel steigen ließen. Sie mussten mit ansehen, wie ihre Häuser langsam auseinander gerissen wurden, und wie Bruchstücke anderer Häuser vorbeiflogen. Sie hatten große Angst. Wo jedoch schwieg. Diesmal führte er über das, was da geschah, keine Zwiesprache mit Gott. Ihr müsst nämlich wissen: Wo war wütend. Tatsache ist, dass er innerlich tobte, denn er hatte das Gefühl, hintergangen worden zu sein.

»Wie viele Jahre bitte ich jetzt schon um ein und dasselbe, und nun, da die Zeit gekommen ist, bekomme ich es nicht?«, beklagte sich Wo, während der Sturm heftiger und er selbst immer wütender wurde. »Gott hat meine Familie und mich nicht von diesem unpassenden Ort erlöst!«, schrie Wo verzweifelt, als er hörte und zu spüren bekam, wie sich die Veranda hinter seinem Haus aus ihrer Verankerung riss. Dann fiel der Strom aus. Wo hörte, wie Lastkraftwagen durch die Straße fuhren, um Menschen aufzusammeln. Über Lautsprecher ertönte die Ansage: »Ihre Sicherheit ist in Gefahr. Steigen Sie in einen der Laster, solange Sie noch können. Wir bringen Sie zur nächsten Schule, das Gebäude ist stabil. Dort finden Sie einen sicheren Unterschlupf.«

Und so kam es, dass die gesamten Bewohner der Insel sich auf den großen LKWs versammelten, die sie zu diversen Schulen und Kirchen brachten. Wo landete in einer der größten Schulen, ganz in der Nähe seines Hauses. Er und seine Familie kämpften sich mit vielen ihrer Nachbarn durch Wind und peitschenden Regen den kurzen Fußweg entlang vom LKW zum Eingang des Schulgebäudes. Dort angekommen, blickte Wo in die durchnässten Gesichter der anderen mit ihrem leeren, angsterfüllten Blick. In Wos eigenen Augen jedoch stand nur seine Wut auf Gott geschrieben. Dass er zuließ, dass Wo sich in einer solchen Situation befand! Alle begaben sich die Treppe hinunter ins Souterrain des großen Gebäudes. Gerade hatten sie sich dort in kalten Ecken verkrochen, die sie für sicher hielten, da fiel zu allem Überfluss auch der Strom aus, und sie saßen im Dunkeln. Vereinzelt wurden Kerzen hervorgekramt, doch

dann begann Wasser ins Souterrain einzudringen, und der Wind rüttelte an allen Ecken und Enden an dem Gebäude. Das Ächzen von Beton und Holz drang den Wartenden ununterbrochen in den Ohren. Sie kauerten sich in der Dunkelheit zusammen, starr vor Entsetzen, und gaben keinen Ton mehr von sich.
Da machte Wo eine erstaunliche Feststellung: Er merkte nämlich, dass er keine Angst hatte! Er war zwar sehr wütend, aber Angst? Nein. Er blickte sich um und sah die zusammengekauerten Gestalten im knöcheltiefen Wasser, das immer weiter stieg, frierend, ohne etwas, woran sie sich wärmen konnten oder auch nur Kerzenlicht, denn die meisten Kerzen waren bereits erloschen. Er sah auch ihr Entsetzen. Denn viele gingen in dieser Nacht davon aus, dass alle sterben würden. Wie konnte es auch anders sein, denn man sagte ihnen, dass man sich bislang nicht einmal im Auge des Sturms befände und dass Windverhältnisse bevorstanden, die noch schlimmer sein würden. Sollte die Schule dem Orkan nicht standhalten, so wären sie auf Gedeih und Verderb den Elementen, dem Wind und dem Regen, ausgeliefert. Kein Mensch, der diese Nacht durchmachte, hatte je solche Naturgewalten erlebt.
Und so erhob sich Wo an der Stelle, wo er die ganze Zeit über wutschäumend herumgesessen hatte. Er umarmte seine Familie und sagte: »Hier wartet Arbeit auf mich. Es wird euch kein Leid geschehen.« Und er sah seinen Kindern in die Augen und tröstete: »Seht mal, in meinen Augen ist keine Angst, denn mir ist versprochen worden, dass uns nichts passieren wird.« Damit verließ Wo seine Familie und ging von Nachbar zu Nachbar und von Gruppe zu Gruppe. Wo erzählte ihnen von seiner Liebe zu Gott, und er sagte ihnen, dass Gott ihn noch nie im Stich gelassen hätte. Sie alle seien hier in Sicherheit. Er ließ die Verzagten teilhaben an der Liebe, die nur von einem Menschen kommen kann, der höheres Wissen erlangt hat. Jedes Mal, wenn er eine Gruppe verließ, um zu einer neuen zu gehen, stellte er fest, dass mit ihm selbst immer auch das Entsetzen dieser Menschen verschwand, und sie blieben voller Hoffnung zurück, als hätte sich eine schwarze Wolke aufgelöst. In einigen Grüppchen begann man sogar Lieder anzustimmen.

Gesang ertönte, wo gerade noch stummes Entsetzen und Angst regiert hatten. Bald war in einigen Gruppen Gelächter zu hören, wenn man sich komische Geschichten aus dem eigenen Leben erzählte, und die Angst nahm immer weiter ab. Der Schrecken wich.

Während Wo in dieser Nacht von einer Gruppe zur nächsten ging, tat er die Arbeit, die sein Vertrag ihm gebot. Und wie durch eine Art von Wunder trafen die heftigsten Stürme nie ein. Vielmehr machte der Sturm irgendwann kehrt und zog weiter, langsam abebbend, statt sich zu steigern. Etwa zu der Zeit also, zu der Wo mit seiner Arbeit fertig war, hatte sich der Sturm genug beruhigt, dass die Meldung kam, alle könnten auf den Lastern, die sie zur Schule gebracht hatten, nach Hause zurückkehren. Die Sonne kam wieder zum Vorschein, und erst da wurde Wo bewusst, dass sie die ganze Nacht in der Schule verbracht hatten. Als sie nach draußen kamen, war der Sturm fast vollkommen vorbei. Wie schnell er sich gelegt hatte! Die Vögel sangen und die Sonne schien, und alle machten sich auf den Nachhauseweg. Oh ja, manche von ihnen erwartete großes Leid, denn ihr Haus war zerstört worden. Und ja, neben all seinen Nachbarn musste auch Wo feststellen, dass sein Dach abgedeckt und die Veranda verschwunden war. Außerdem bestanden an vielen Stellen Wasserschäden von dem eingedrungenen Regen.

Die nachfolgenden Wochen standen im Zeichen des Wiederaufbaus. Alles lief glatt. Nach und nach entstand auf der Insel eine Geschichte. Ihr müsst wissen, dass in den Nachrichten berichtet wurde, was sich in dieser Nacht in der Schule ereignet hatte. Und da waren diese Leute, die Geschichten von dieser schrecklichen Nacht erzählten und sagten: »Da war ein Mann, der im Dunkeln mit seinen Helfern zu uns kam, als unsere Angst am schlimmsten war. Sie sagten uns, dass wir in Sicherheit seien, und sie gaben uns Hoffnung. Durch sie lösten Liebe und Frieden die Dunkelheit ab. Durch sie erhielt unser verängstigter Geist eine Zuflucht, und außerdem gaben sie uns den Humor zurück. Sie schenkten uns in dieser Nacht Lieder, und das veränderte uns, denn wir hatten keine Angst mehr. Unsere Kinder reagierten als erste auf die Veränderung, denn in ihren Augen lasen wir, dass sie keine Angst mehr hatten, und da verloren auch wir unsere Anspannung. Der Name des Mannes war Wo.«

Eine Gruppe nach der anderen berichtete von diesem erstaunlichen Ereignis, und peinlich berührt musste Wo es über sich ergehen lassen, dass er zu einer Feier eingeladen wurde, bei der er geehrt werden sollte. Widerstrebend ging Wo also hin und hörte sich die Berichte der Nachbarn an, die bezeugten, wie er und seine Helfer ihnen in dieser Nacht geholfen hatten.

Nach dem Zeremoniell ging Wo zum Stand, wo er sich direkt am Wasser niederließ. Und da begriff er, was »zur rechten Zeit am rechten Ort sein« bedeutete. Ihm wurde klar, dass alle seine Gebete und Fähigkeiten als Mitschöpfer in diesem neuen Zeitalter hier Früchte getragen hatten. Seht ihr, Wo hatte ja darum gebetet, zur rechten Zeit am rechten Ort zu sein, und genau da befand er sich! Ihm wurde klar, dass seine Gebete hundertprozentig erhört worden waren. Da begann Wo zu weinen, denn mit einem Mal verstand er, dass hundertprozentiges Miterschaffen bedeutete, dass die Menschen in dieser Nacht auch seine Führer gesichtet hatten. Jede Gruppe wusste zu berichten, dass sie drei Leute gesehen hätte: Wo und seine »beiden Helfer«. Wo wusste, dass er in der Schule allein durch die Dunkelheit getappt war, um seinen Nachbarn während des Orkans zu helfen – zumindest hatte er das gedacht! Aber alle hatten übereinstimmend seine Engel gesehen. Gott hatte seine Gebete erhört – ausnahmslos.

Obwohl Wo es also zu dem betreffenden Zeitpunkt selbst nicht wahrgenommen hatte, waren seine Führer, die Engel, im Kerzenlicht deutlich zu sehen gewesen. Seine Nachbarn hatten sie beschrieben, und die Stimmen derer, denen er geholfen hatte, schilderten eindeutig seine Engel! Oh ja, es stimmte, dass er sein Zuhause verloren hatte, und es stimmte, dass einiges von seinem Hab und Gut zerstört worden war, doch der Vertrag, den er für sein Leben abgeschlossen hatte, war erfüllt worden, und daneben verblasste alles andere. All seine Gebete für das Mitschöpfertum waren darum gegangen, zur rechten Zeit am rechten Ort zu sein. Wo erkannte, dass Gott ihm die

Ehre erwiesen hatte, an einem vollständigen, kompletten Wunder des gemeinsamen Erschaffens teilzuhaben.
Von da an wusste er, was es bedeutete, Mitschöpfer zu sein und um Erfüllung seines Vertrags zu beten. Er wusste, dass es nicht hieß, dass ihm all die Prüfungen erspart blieben. Es hieß nicht, dass er nicht dabei sein würde, wenn die Erde bebte. Es hieß, dass er an dem Ort sein würde, der für ihn perfekt war, und er würde vollkommenen Frieden erleben, während all das stattfand. Es bedeutete, dass er zur Verfügung stehen würde, um anderen Menschen das Leben leichter zu machen, wenn diese es am meisten brauchten. Die Erkenntnis veränderte sein Leben, denn er entdeckte seine wahre Leidenschaft – imstande zu sein, Frieden in das Leben anderer zu bringen, zur rechten Zeit am rechten Ort.

Nachtrag des Autors

Als ich mich auf die Kryon-Arbeit einließ, hatte ich die Erwartung, dass ich mich damit mitten in der Erfüllung meines Vertrags befinden würde. Ich erwartete, dass an dem Punkt zu sein, dem meine ganze Leidenschaft galt, es mir erlauben würde, »zur rechten Zeit am rechten Ort« zu sein, damit alles perfekt sein würde, und so, wie es sein sollte. So hatte es Gott versprochen. In meiner Unschuld im Hinblick darauf, wie Dinge in spiritueller Hinsicht funktionieren, verstand ich nicht, dass an diesem perfekten Punkt zu sein auch dunkle Prüfungen mit sich brachten.
Ich war begeistert von der Tatsache, dass Zehntausende von New-Age-Leuten, Menschen des neuen Zeitalters, auf dem ganzen Planeten die Bücher zu schätzen wussten und mir in diesem Sinne schrieben. Das war in der Tat ein Punkt, den ich perfekt fand! Ich war vollkommen perplex, als ich eine Einladung zur S.E.A.T.-Gruppe innerhalb der Vereinten Nationen erhielt – ich sollte doch tatsächlich dort hin kommen und einen Vortrag halten... und dort so wunderbaren planetaren Lichtarbeiterinnen und Lichtarbeitern begegnen. Ich war erstaunt, als das Kryon-Magazin startete und Tausende von Abonnenten fand – und als mein Kommunikationsforum bei America Online das populärste New-Age-Message-Board in der Geschichte dieser Einrichtung bei AOL wurde.

Dann kamen Angriffe gegen die Arbeit, und wie Wo wurde ich wütend. »Wie kann ich jahrelang einen Kanister weiße Farbe herumschleppen, und plötzlich sagen einige, die Farbe sei schwarz? Wie kann ein Lichtarbeiter einen anderen attackieren? Wo bleibt dabei die Liebe?« Ich konnte nicht verstehen, warum der Name »Kryon« von manchen als Teufelswerk und Synonym für Verrat betrachtet wurde. Die falschen Zitate, die Wortverdrehungen – »Warum sollte jemand so etwas tun?«
Jetzt, rückblickend betrachtet, sehe ich, dass Gott die Integrität der Arbeit ins Feuer gegeben hat! Es brachte Menschen dazu, sich genauer anzusehen, was ihnen da angeboten wurde. Es sorgte dafür, dass das eigene Unterscheidungsvermögen in diesem neuen Zeitalter zu einem zentralen Punkt wurde. Es brachte uns alle dazu, lieber zweimal hinzusehen, bevor wir jede Botschaft glauben, die von irgend einer Wesenheit kommt. Bei allem Neuüberdenken zeigte Kryon sich mir als der von Liebe erfüllte Bote, als der er sich ausgab, und Tausende von Menschen im ganzen Land bestätigten mir dies in den Schreiben, die ich von ihnen erhielt, und mit ihrem Dank an mich. Ich hatte meinen »Großen Wind« überstanden und mit Wo am Strand gesessen, und auch ich weinte vor Freude über die Erkenntnis, dass ich genau dort war, wo ich sein sollte.

Nachwort
Geschichten sind eine wunderbare Möglichkeit, Botschaften für das Leben weiterzugeben! Die zwanzig, die Sie in diesem Buch gelesen haben, demonstrieren exemplarisch zwei Jahre von Kryons Geschichtenerzählen vor großem Publikum auf dem ganzen Planeten. Kryon ist ein Bote, der von großer Liebe geprägt ist. Und er will, dass Sie persönlich eines wissen: Es ist kein Zufall, dass Sie diese Worte lesen. Etwas an ihnen war genau für Sie bestimmt – haben Sie es gefunden?

In Liebe...
LEE CARROL

Über den Autor:
Lee Carroll ist der Verfasser der KRYON-Serie, einer Reihe liebevoller Bände, die gute Neuigkeiten für den Planeten Erde verkünden. Diese Bücher, die Sie in esoterischen Buchläden auf dem ganzen Planeten finden werden, spenden neue Hoffnung für unseren Übergang in das nächste Jahrtausend samt aller Ungewissheit, die damit einhergeht.

Lee Carroll / Jan Tober

Die Indigo-Kinder

Paperback, € 17,40
ISBN 3-929512-61-0
Dies ist das allererste Buch zum Phänomen »Indigo-Kinder«, woher sie kommen, warum sie »Indigo«-Kinder heißen u.s.w. In diesem Werk bringen Lee Carroll und Jan Tober einige hochgradig kompetente Fachleute aus Medizin, Pädagogik und Psychologie zusammen. Es geht um einen Kurswechsel beim Umgang mit diesen Kindern und deren Erziehung.

Doreen Virtue

Das Praxisbuch für Indigo-Eltern

Das Praxisbuch für Indigo-Eltern befasst sich mit den ungewöhnlichen psychologischen Merkmalen und den besonderen Eigenschaften der Indigo-Kinder. Die Autorin und Mutter von vier Indigo-Kindern beschreibt sehr eindrucksvoll, wie man im Alltag auf natürliche Weise mit Indigo Kindern umgeht.
Mit diesem bahnbrechenden Praxisbuch werden Sie umgehend positive Auswirkungen auf den Umgang mit Indigo-Kindern haben. Sie werden in der Lage sein, die Zukunft der Kinder auf eine wunderbare Weise zu gestalten.

Paperback, € 17,40
ISBN 3-929512-18-1